重塑

数字经济引领未来

于凤霞　唐鹏　著

電子工業出版社
Publishing House of Electronics Industry
北京・BEIJING

内 容 简 介

本书主要围绕新基建驱动的数字经济发展现状、亮点与细节，聚焦政府、企业及社会组织三大主体的角色、行为与价值，对生活消费、企业服务、生产制造、文旅产业等领域进行深度研究分析，探索和剖析数字经济的发展趋势与未来走向。本书通过对政府机构在社会治理、政务服务、市场监管等方面的创新举措分析、研究与评价，提出未来政府数字化转型的理性思考与发展视角。

本书适合数字经济、数字政府、智慧城市等领域的管理者、实践者与研究者阅读。

图书在版编目（CIP）数据

重塑：数字经济引领未来 / 于凤霞，唐鹏著. —北京：电子工业出版社，2020.6
ISBN 978-7-121-39172-9

Ⅰ. ①重… Ⅱ. ①于… ②唐… Ⅲ. ①信息经济—研究 Ⅳ. ①F49

中国版本图书馆 CIP 数据核字（2020）第 109958 号

责任编辑：刘小琳　　文字编辑：崔　彤
印　　刷：三河市鑫金马印装有限公司
装　　订：三河市鑫金马印装有限公司
出版发行：电子工业出版社
　　　　　北京市海淀区万寿路 173 信箱　　邮编 100036
开　　本：720×1 000　1/16　印张：11.5　字数：168 千字
版　　次：2020 年 6 月第 1 版
印　　次：2021 年 1 月第 2 次印刷
定　　价：58.00 元

凡所购买电子工业出版社图书有缺损问题，请向购买书店调换。若书店售缺，请与本社发行部联系，联系及邮购电话：（010）88254888，88258888。

质量投诉请发邮件至 zlts@phei.com.cn，盗版侵权举报请发邮件至 dbqq@phei.com.cn。

本书咨询联系方式：liuxl@phei.com.cn，（010）88254538。

前 言

PREFACE

或许谁也没有料想到，2020 年会以一场传播速度快、感染范围广、防控难度大的疫情开场。疫情防控的需要使人们不得不最大限度地减少线下活动和人员聚集。在正常的生产生活被迫暂停的这一时期，我们见证了数以亿计的人们是如何足不出户，通过网络解决日常生活、工作和学习所需，以及进行娱乐、社交和情感沟通。“数字化生存”的实现仿佛就在一夜之间。

回顾经济发展史，每次危机都可能成为新一轮发展的催化剂。疫情就是这样，以一种极其特殊又极端的方式，检验着多年来我国信息化发展的方方面面，也让每个人充分体验了一次数字技术如何作用于我们每天的工作和生活，堪称一次经济社会信息化发展的大检阅、数字技术应用的大培训、数字经济腾飞的大契机。

对于中国数字经济与数字政府发展而言，这场疫情无疑是典型的“黑天鹅事件”，不仅是对我国数字经济在模式创新、危机应对及监管机制方面的全方位激活，同时也为我国政府数字化转型在决策、治理、服务与监管方面提供了重要的发展窗口期。疫情不仅提前暴露了“新基建”时代我国数字经济发展存在的短板与障碍，同时也直截了当地提出了我国当前智慧城市建设与发展的问题，也揭示了大数据时代的潜在风险。

数字经济是抗疫之下的战时所需。疫情发生以来，广泛渗透于人们日常生活和企业生产中的各类平台，显示了强大的战“疫”力。生鲜电商市场需求集中爆发，餐饮企业“线上开店”出现热潮，“无接触服务”渗透于多个领域，服务业数字化转型在抗疫中出现新一轮浪潮。基于工业互联网的快速产能供需对接、医疗资源配置和各种“云复工”，大大提升了我国在重大突发事件中的应急响应能力。数字政务在疫情防控形势下呈现出前所未有的创新密集型特征。网上政务服务平台、移动政务服务 App 及小程序、自助政务服务终端等使疫情期间政务服务“不打烊”，便民服务实现“网上办”“指尖办”“自助办”“远程办”，服务体验实现“无接触”“零聚集”“不见面”。“无接触经济”“宅经济”一时间成为各界热议的话题。

数字经济是未来常态下经济发展的新引擎。“危”与“机”总是如影随形，相伴而来。疫情不可避免地会对经济社会造成较大冲击，但疫情之下的我们已然深刻地体会到：人类社会生存与发展的基础设施已经发生了质的变化，以互联网为代表的现代信息技术已经并将继续重构一切。数字化和智能化成为大势所趋，此时因疫情所致的特殊生存状态，总有一天将成为常态。站在未来反观当下，我们拥有巨大的市场潜力，城镇化进程持续推进，消费升级前景广阔，基于现代信息技术的新业态新模式层出不穷，经济持续向好的基本面仍然没有变。如何化“危”为“机”，将这些潜能转化为实实在在的发展成果，值得我们从国家宏观政策到企业发展战略和商业模式等多个维度进行深刻思考。

3 月 17 日，国务院常务会议提出，要对“互联网+”、平台经济等加大支持力度，发展数字经济新业态，大力发展数字经济的政策导向进一步明确。与此同时，疫情的洗礼也使更多企业认识到了数字技术对于提升企业抗风险能力和运营效率的战略意义；走数字化之路，实现线上线下融合，将不再是可有可无的选择题，而是必须认真对待的必答题，全面推动数字化转型已经被提上日程。从数字经济中寻找我国未来经济转型发展之路已经成为众望所归。

每一段历史都值得也需要被记录、被解读、被反思，作为人类进入21世纪第3个十年开篇的这场“大疫”，尤其如此。笔者希望能从一个数字经济观察者和研究者的视角，记录疫情带来的深刻影响，解读隐藏在周遭纷杂现象背后的本质，并尝试回答疫情洗礼之后如何打造我国数字经济的“升级版”。受研究水平和时间所限，书中难免有不足甚至错误之处，恳望各界同人予以指正。

2020年4月

目 录

Contents

上 篇

经历此“疫”，数字经济强大的韧性及其在非常时期对应急管理和公共服务发挥的巨大作用得到了进一步展现，通过发展数字经济新业态，打造我国经济新引擎，已经成为众望所归。

CHAPTER 01 数字经济：被暂停的和被加速的

一、今非昔比 /005

二、“暂停键” /008

三、“快进键” /012

CHAPTER 02 在线旅游

一、跌至冰点 /018

二、拯救与自救 /022

三、复苏抑或反弹 /026

四、蓄力再出发 /027

CHAPTER 03 本地生活服务
一、“逆袭”的生鲜电商 /032
二、无人化服务 /037
三、线上线下融合的新消费时代 /041

CHAPTER 04 互联网医疗
一、暴增的需求与流量 /047
二、密集的利好政策 /050
三、行业起飞还有多远 /054

CHAPTER 05 产业互联网
一、应急保障 /060
二、“云复工” /064
三、转型加速度 /069

下　篇

从本次疫情观察，数字政务的能力、作用与价值在整个抗疫周期中体现了“不可承受之轻”与“不可承受之重”，而这也恰恰成为社会治理思维创新与城市服务模式创新的动力。

CHAPTER 06 数字政务“轻”与“重”
一、数字政务“进行时” /078
二、数字治理“攻防战” /081

CHAPTER 07 政务公开

一、国务院小程序“集结号” /089

二、“数字抗疫”标配 /092

三、直播与政务公开 /099

CHAPTER 08 数据开放

一、数据即生命 /104

二、数据开放的尺度 /111

三、隐私的边界 /114

CHAPTER 09 城市治理

一、城市治理的“数字突围” /122

二、“口罩预约”的隐喻 /124

三、“健康码”的符号意义 /136

CHAPTER 10 政务服务

一、移动政务的“阵地前移” /142

二、无接触政务兴起 /146

三、“智能+政务服务” /153

结语 “新基建”与数字经济 /163

上篇

经历此“疫”，数字经济强大的韧性及其在非常时期对应急管理和公共服务发挥的巨大作用得到了进一步展现，通过发展数字经济新业态，打造我国经济新引擎，已经成为众望所归。

CHAPTER 01

数字经济：被暂停的和被加速的

今非昔比

“暂停键”

“快进键”

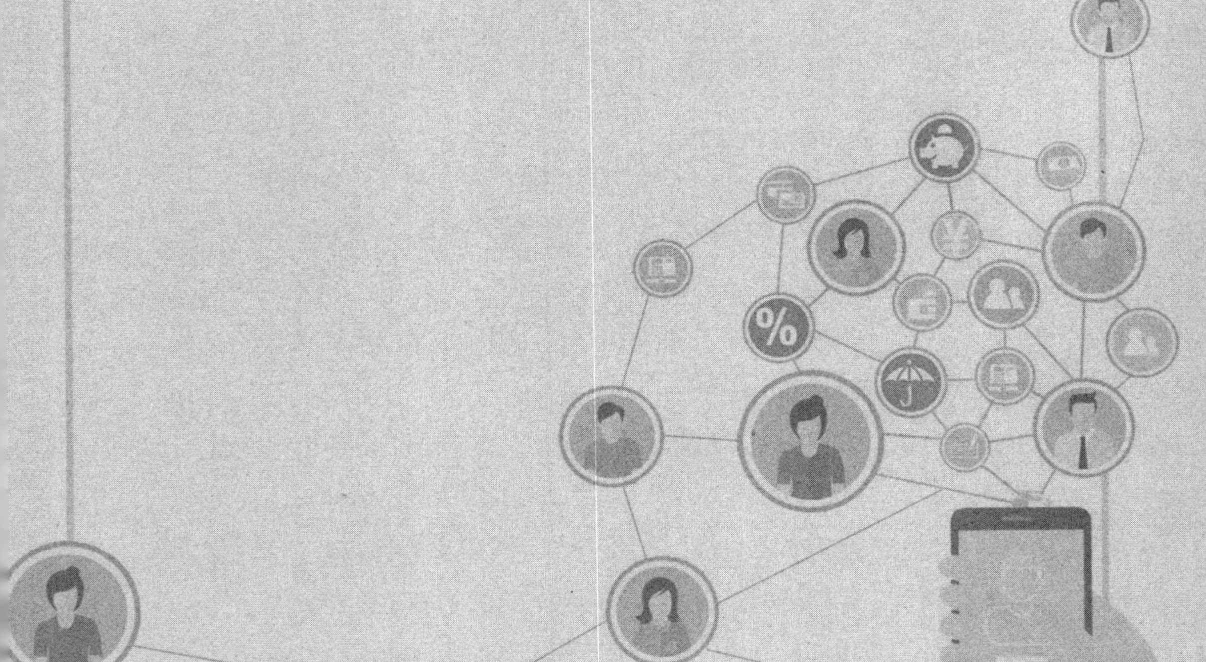

2020 年年初，新冠肺炎疫情在全球迅速蔓延。关于此次疫情，世界卫生组织（以下简称“世卫组织”）起初将其定性为国际关注的突发公共卫生事件，这是有《世界公共卫生条例》以来第 6 次国际关注的突发公共卫生事件。

2 月中旬以来，疫情在全球出现快速扩散态势。2 月 28 日，世卫组织宣布将全球范围内新冠病毒传播风险和影响风险的评估从此前的“高”提高至最高级别“非常高”，全球大流行的风险明显上升。

3 月 4 日，世卫组织总干事谭德塞在日内瓦表示，全球新冠肺炎疫情日趋复杂，疫情防控必须成为所有国家的当务之急，各国应做好准备应对持续的社区传播。他呼吁所有国家扩大检测范围，加强国民教育，发现、隔离和照顾每个确诊患者，追踪每个接触者，并调动政府和全社会的力量参与疫情防控。

3 月 11 日，世卫组织宣布，新冠肺炎疫情具有全球大流行的特征。意大利、西班牙、加拿大等国纷纷宣布采取全面管控模式；美国、法国、德国也开始放弃先前的模式，转向局部管控模式。美国多个州宣布进入紧急状态，欧洲成为疫情“震中”，处于中东地区的伊朗疫情也越发严峻。疫情呈现出继续在全球大范围蔓延的迹象。

为阻止疫情扩散，主要国家纷纷采取紧急措施，跨国商品和服务流通几近停滞，跨境旅游等活动遭遇前所未有的打击。据不完全统计，已有 40 多个国家宣布进入全国紧急状态，大约 130 个国家宣布全国或人口最为集中的地区停学。疫情的快速蔓延已经影响到世界所有主要经济体，在一些疫情已经趋于缓和的国家，输入性病例及可能出现的本地传染也为抗疫带来新的压力。

一、今非昔比

突发的疫情让人不禁想起了 2003 年全民共同抗击“非典”的经历，在讨论疫情对经济社会可能造成的影响时，也可能会参考“非典”时的情况。然而时至今日，无论是国内经济发展阶段、经济体量和经济结构，还是全球经济态势，此时的中国都已非彼时。

1. 国内外整体经济下行压力加大，外部环境更加复杂，不确定性加大

从全球范围看，2019 年世界经济持续低迷，复苏乏力；贸易摩擦和区域冲突等因素带来的诸多不确定性加大，对全球贸易和投资形成一定压力。此次突发的新冠肺炎疫情已快速蔓延至全球多个国家和地区，对全球贸易、消费、投资都将造成明显影响，全球经济的不确定性和动荡被进一步放大。

就国内而言，2003 年中国经济处在快速上升阶段，自 2013 年以来，我国经济增长由过去的高速增长阶段进入中高速增长阶段，进入经济新常态，由此进入了增长速度换挡期、结构调整阵痛期、前期刺激政策消化期的“三期叠加”的新阶段。2019 年，我国 GDP 增速 6.1%，低于 2003 年的 10.03%。2020 年，国内经济依然面临较大的下行压力，而突发的疫情在短期内所产生的巨大冲击，也将进一步加大经济总体的下行压力。

2. 人均 GDP 已经突破 1 万美元，高于中等偏上收入国家平均水平

尽管国内外风险挑战明显上升，局面复杂，但我国经济稳中向好、长期向好的基本趋势没有改变，近年来国民经济运行总体平稳，发展质量稳步提升。特别是党的十八届三中全会以来，GDP 总量在 5 年之内连上 70 万亿元、80 万亿元、90 万亿元台阶，2019 年接近 100 万亿元。2019 年我国国内生产总值为 990 865 亿元，按不变价格计算，比 2018 年增长 6.1%。在外部风险挑战明显增多的复杂局面下，我国经济显示出强大韧性。

3. 经济增长对消费和服务业的依赖性更大

2003 年服务业在国民经济中的占比为 42.0%，2019 年占比达到 53.9%。2002 年服务业对国民经济增长的贡献率为 52.72%，2019 年提高到 62.21%。

尤其是近几年来，在经济面临下行压力时，消费的支撑作用更加明显。2019 年我国社会消费品零售总额首次突破 40 万亿元大关，消费对经济增长的贡献率为 57.8%，连续 6 年保持经济增长第一拉动力。

相对于商品消费，服务消费增速和占比持续提高。2019 年，全国居民人均服务性消费支出增长 12.6%，快于人均消费支出增速 4 个百分点。其中，全国居民人均交通通信支出、教育文化娱乐支出和医疗保健支出分别增长 7.0%、12.9%和 12.9%，教育文化娱乐支出和医疗保健支出增速均高于同期社会消费品零售总额（8.0%）。这 3 项服务消费占人均消费支出的比重分别为 13.3%、11.7%和 8.8%。

4. 信息技术在各领域的应用水平大幅提高，数字经济新业态已经成为经济增长的重要驱动力

在“非典”发生的 2003 年，我国互联网的普及率仅为 6.15%，迄今为止，互联网普及率已达 61.03%，网络已经渗透到经济社会发展乃至百姓生活的各个领域，成为社会的基础设施和推动经济社会发展的重要创新要素。基于互联网的各类应用也不断涌现，催生了电子商务、移动支付、共享经济、平台经济等新业态新模式，深刻地改变着人们的生产、生活、学习和社会交往方式。党的十九大报告中明确提出“建设数字中国”的发展目标，指出要“推动互联网、大数据、人工智能和实体经济深度融合”，将发展数字经济上升为国家战略，数字经济成为中国高质量发展的重要推动力。

据国家统计局数据显示，2014—2018 年，我国电子商务交易额从 16.39 万亿元增长到 31.63 万亿元，实物商品网上零售额从 2.8 万亿元增长到 9.0 万亿元。据商务部数据显示，2019 年全国实物商品网上零售额约 8.3 万亿元，同比增长 20%左右，实物商品网上零售额占社会消费品零售总额的比重超过 20%。

与此同时，传统电商、直播电商、社交电商、生鲜电商、服务电商等网络销售平台不断壮大，线上线下、商品服务、上下游产业融合创新，新业态、新模式不断涌现，快递物流已经覆盖到全国 90%以上的农村。

5. 中国在全球经济中的影响力明显提升

从经济总量上看，按购买力平价计算，我国在 2014 年已经成为全球第一大经济体；按名义 GDP 总量来计算，我国在 2018 年已达到美国的 66%，成为全球第二大经济体。

据世界银行的世界发展指数（WDI）显示，2003 年我国工业增加值在全球占比仅为 6.8%，2017 年上升至 23.9%。截至 2018 年，中国已成为 120 多个国家的最大贸易伙伴。

根据世界银行与联合国贸易和发展会议共同发布的“世界综合贸易解决方案”（WITS）数据库，观察全球近 200 个经济体从中国进口的商品，中间品在全部进口中的占比平均达到21.7%（中位数）。

麦肯锡咨询公司2019年发布的《中国与世界》报告指出，2003年以来，中国对全球经济的依赖在降低，而全球经济对中国的依赖在增加。报告指出，中国自2009年成为全球最大出口国，2013年成为最大货物贸易国，全球货物贸易占比从2000年的1.9%提升到2017年的11.4%。同时中国也是33个国家的最大出口国，65个国家的最大进口国。该报告估算，中国对全球制造业的贡献率达35%。

正是有了上述种种变化，我们可以看到，一方面，突发的疫情必然会给我国经济带来不小的冲击，尤其是服务业，由于要避免人员聚集和大规模流动，疫情防控期间一些线下服务业基本停摆。但另一方面，还应该看到，得益于多年来互联网应用的普及和各类新业态的快速普及，在线下经济活动受到大幅限制的情况下，网络平台在满足人们日常生活需要方面发挥了重要作用。远程办公的发展满足了人们在复工受限和延迟的情况下不间断办公的需要，工业互联网平台在非常时期的应急管理中发挥的作用更是备受关注。这一切都归功于我国数字经济的快速发展。疫情暴发势必会使整个国民经济遭受巨大冲击，数字经济也不例外。但与传统经济不同的是，这场疫情也让数字经济诸多领域短期内出现爆发式增长，催“火”了一些新业态，使其出现发展小高峰。

二、“暂停键”

面对疫情带来的严峻考验，我国主要经济指标下滑，经济发展面临不小挑战。初步核算，2020年一季度，我国国内生产总值206 504亿元，按可比价格计算，同比下降 6.8%。分产业看，第一产业增加值 10 186 亿元，下降 3.2%；第二产业增加值 73 638 亿元，下降 9.6%；第三产业增加值 122 680 亿元，下降 5.2%。全国规模以上工业增加值同比下降 8.4%，社会消费品零售总额 78 580 亿元，总比下降 19%，全国固定资产投资同比下降 16.1%，全国居民人均可支配收入 8561 元，扣除价格因素实际下降 3.9%。

但是还应看到，随着国内疫情防控阶段性成效进一步巩固，3 月份主要经济指标降幅明显收窄。复工复产加快推进，工业、服务业、投资、进出口等降幅大幅收窄，关系国计民生的基础行业和重要产品稳定增长。以工业为例，3 月份，规模以上工业增加值下降 1.1%，比 1—2 月份大幅收窄了 12.4 个百分点，3 月份规模以上产出水平基本恢复到了去年同期水平。41 个工业行业中，90%的行业当月增加值比 1—2 月份加快，其中有 40%的行业同比增长；从统计的 600 多种主要工业产品来看，约有 40%的工业产品产量同比增长。同时，随着疫情防控成效不断显现，复工复产进度加快推进，服务业、投资、社零和进出口等指标都呈现改善趋势。

从全球来看，疫情还处于上升期，新增确诊人数继续增长，平均死亡率超过 3%。2020 年的世界经济将出现衰退越来越被看成大概率事件。过去 20 年里，全球经济处于中速增长阶段。2008—2019 年全球经济增长的平均速度低于危机前 30 年的平均增长速度，2019 年世界经济增速为 2.9%，2020 年经济增速受疫情影响会进一步下滑。牛津研究院预测，疫情冲击将导致 2020 年全球经济增长减少 0.2 个百分点，年增速跌至 2.3%。疫情对全球经济供给和需求的双重负面影响尤其引发关注。

受突发疫情影响，国际机构纷纷下调今年经济增长预期。世界贸易组织预测今年全球贸易将暴跌 13%~32%，全球经济增速将至少下降

2.5%；国际货币基金组织对今年全球经济增长进行了史上最大幅度的下调，预计今年全球经济将萎缩 3%，为 20 世纪 30 年代大萧条以来最大幅经济衰退。

中国经济高度融入全球化，全球经济震荡必然会对我国带来冲击。一季度，我国货物贸易进出口比去年同期下降 6.4%，总值 6.57 万亿元人民币，降幅较前两个月收窄 3.1 个百分点，3 月份当月出现回升。但目前看，全球疫情蔓延形势严峻，今年二、三季度，外需和供应链将面临前所未有的影响，我国出口乃至经济整体仍将承受较大压力。

不管是全球范围还是国内，都面临很大的不确定性和复杂性，旅游、住宿、出行等相关领域遭受的冲击尤其巨大。

疫情的暴发使得旅游及相关的出行和住宿等行业线下经营活动基本停摆，在线旅游、出行、住宿等这些必须通过线下活动完成交易闭环的行业受到严重冲击，平台上的服务供给和服务需求骤降至冰点。线下服务业的骤然暂停还直接影响平台的企业佣金和广告等收入。在平台收入锐减的同时，企业仍需负担高额的固定支出，平台企业的现金流承压，经营面临较大挑战。大量企业资金周转困难，甚至面临破产倒闭风险。这种冲击在资本市场上也得以反映，美团、携程、58 同城三家平台企业总市值均有不同程度的跌幅。

在线旅游领域，线下经营活动暂停导致平台上用户订单纷纷取消，企业损失巨大。由于疫情防控需要，许多地方政府都采取了避免人员聚集、人员流动的防疫措施，如暂停文化活动、实施交通限制、停止所有国内和出境旅游等，用户通过平台预订的各种服务，从机票、酒店到出行自驾、目的地消费等订单纷纷取消。为了做好疫情防控，保障客户和员工健康安全，许多平台都推出了新的退改方案和保障措施，在最大限度保护消费者权益的同时，企业运营成本也随之明显增加。据在线旅游平台携程的数据显示，到1月29日，平台收到的退改诉求总量、咨询总量都达到数百万条，相较2019年春节增幅达到405%，最高峰值时增幅达到650%。

在出行需求被大幅限制的情况下，相关平台企业的订单量和营业收入持续减少。据交通运输部数据显示，春节假期10天，预计全国铁路、道路、水路、民航共发送旅客1.9亿人次，比2019年春运同期下降近73%。百度地图显示，2020年开工首日，全国驾车导航出行较2019年同期下降86.7%。网约车平台首汽约车在1月20日—2月3日订单数量、营业收入持续下跌，实际出行人次下降90%。

突发的疫情还使得上述领域平台企业的服务供给严重不足。一是由于假期延长、复工时间受限、商业综合体管控力度加大等，平台上的服务提供者（包括个人和商家）显著减少。生活服务平台上的服务者多为进城务工人员，疫情冲击下，相当数量的骑手无法返岗，短期内骑手短缺、运力不足的问题非常严重。许多城市及社区对于租户进入小区有着种种限制，这也在一定程度上影响了返城务工人员的正常工作。一些家政服务平台上的预约服务被大量取消，以58同城平台上保姆、月嫂、育儿嫂三大主要业务为例，仅在1月22日—2月2日，已签单的客户延期或取消订单数超过5000单，直接经济收入损失超过3000万元。二是线下企业无法正常开工，导致生活服务类平台面临配送商品供给不足的问题。全国多座城市暂停餐饮商户的线下经营，还有一些城市暂停线上经营，另外一些城市加强了对商业综合体的管控，这意味着商户在3月前将无法提供配餐供给。

从根本上说，这种冲击是因线下经济活动被迫中止而“传导”到线上的，疫情过后这些领域发展态势仍然向好。一是从政策层面看，国家及地方层面已经陆续出台了帮助企业共度疫情难关的扶持政策，从提供税费减免、资金支持、人员培训等多个方面帮助企业解决困难；二是疫情对上述领域线下经济活动的冲击是暂时的，市场需求仍然存在，只是暂时受到抑制，疫情过后人们往往会有补偿性消费的心理，被压抑的消费极有可能出现集中爆发。因此，随着线下相关产业发展走向正轨，平台相关业务有望得以恢复甚至反弹。有研究估算，被疫情抑制的消费需求约 1.5 万亿元，这些需求有望在疫情结束后逐步释放，出现消费回补甚至报复性反弹。

三、“快进键”

2020 一季度，在我国多项宏观经济指标有下滑的情况下，新产业新业态新模式展现出巨大的发展潜力和动力。3 月份，高技术制造业增加值增长 8.9%，比 1—2 月份大幅回升 20 多个百分点。一季度信息传输、软件和信息技术服务业增加值增长 13.2%，拉动 GDP 增长 0.6 个百分点。与互联网相关的新业态表现活跃，电子商务、在线学习、远程问诊等得到较快发展。3 月，社会实物商品网上零售额增长 5.9%，占社会消费品零售总额的比重为 23.6%，比上年同期提高 5.4 个百分点。一些新型消费、线上消费、升级消费等在疫情期间被催生。一季度，全国网上零售额 22 169 亿元，同比下降 0.8%，降幅比 1—2 月份收窄 2.2 个百分点。

虽然线下活动受到限制，但是得益于过去十多年互联网在我国的快速普及和应用，以及近几年不断涌现的新业态、新模式，大量消费甚至是生产活动被转到线上。在这个被动的“最宅春节”里，中国移动互联网日活跃用户规模、日均用户时长再创历史新高。工业和信息化部发布的数据显示，2020 年春节（1 月 24 日—1 月 31 日），移动互联网流量共消费了 271.6 万 TB，2019 年春节假期 7 天则是 195.7 万 TB。

疫情的发生直接刺激了在线零售、在线教育和医疗、在线办公等行业短期内的快速增长。许多平台上的用户数量、交易量均出现猛增态势，平台企业集中发力技术创新、产品迭代和市场拓展，行业发展出现小高峰。

本地生活服务平台呈现爆发增长之势。疫情暴发以来，在外出活动大幅减少的情况下，各类生活服务平台在满足人们日常所需方面发挥了重要作用。微信小程序数据显示，2020 年除夕到正月初七，小程序生鲜果蔬业态交易笔数增长 149%，社区电商业态交易笔数增长 322%。京东到家平台春节期间销售额同比 2019 年增长 540%，粮油副食、日配冷藏、水果蔬菜和肉类销售额最高。苏宁大数据显示，社区用户生鲜购买需求上涨明显，2020 年 1 月，苏宁菜场订单量较 2019 年 12 月同期环比增加超 650%。每日优鲜小程序除夕到正月初六的订单量相比 2019 年同期增长 309%，实收交易额增长 465%。叮咚买菜大年三十订单较 2019 年 12 月月涨幅超 300%，春节假期期间整体订单量约增加 80%、客单价增加约 70%，日新增用户超过 4 万人。QuestMobile 数据显示，盒马生鲜春节期间日均 DAU 同比增长 127.5%。

多地暂停线下培训活动、大中小学推迟开学等使得互联网教育平台迎来发展小高峰。各大网络教育平台纷纷加大了线上教育系统、线上学习课程等资源的开放力度。学而思网校和学大教育都宣布面向全国中小学生提供免费线上直播课。网易有道精品课为湖北省中小学生提供相应年级的全学科寒假系统课程。猿辅导推出免费直播课，开课当天报名人数达到 400 万人。作业帮免费直播课在开课第 3 天全国报名人数突破 1000 万人、第 8 天突破 2000 万人。阿里钉钉发起的“在家上课”计划，截至 2 月 10 日，有广东、江苏、河南等多个省份 300 多座城市的学校加入，预计覆盖全国 5000 万名学生。西瓜视频、抖音、优酷等视频 App 纷纷开放学习专区。在线教育这一发展机遇在资本市场也得到了充分体现，国内在线教育板块受益企业强势上涨。2 月以来，A 股市场上方直科技、二六三、鹏博士等数十支个股接连涨停，新东方在线在港股市场上涨近 17%，好未来、跟谁学等在美股市场上的涨幅也都超过 10%。

在线医疗平台用户出现了指数级增长。疫情期间，阿里健康、百度、微医、好大夫、平安好医生等平台均开设了在线问诊服务，联合来自全国各地医疗机构的医生为公众提供免费医疗服务。疫情暴发以来，平安好医生平台累计访问量达 11.1 亿人次，新注册用户量比疫情之前增长 10 倍，日均问诊量比疫情之前增长 9 倍，相关视频累计播放量超 9800 万次。阿里健康平台除夕夜紧急上线针对湖北地区居民的义诊服务，截至 2 月 8 日 24 时，问诊页面累计访问用户近 1000 万人次，累计在线问诊用户超过 93 万人次；医生人均日接诊量 100 人次以上，呼吸科部分医生人均日接诊量在 200 人次以上。微医平台上，截至 2 月 3 日 12 时，新冠病毒肺炎免费义诊专区访问量超过 7900 万人次，累计提供医疗咨询服务约 92 万人次。好大夫 1 月 31 日问诊量达到 8.8 万单，其中平台提供的义诊服务 6.9 万单，而平台往年春节前后的线上医疗单日问诊量不足 1 万单。

抗疫期间大力倡导的居家办公使得提供远程办公服务的平台用户量猛增。截至春节开工首日，至少有 17 家办公厂商开放云协同功能，提供远程办公服务。阿里、腾讯、字节跳动、华为等头部互联网平台旗下的协同办公软件免费开放多项功能，石墨文档、印象笔记等中小平台也纷纷上线协同服务项目。个推大数据显示，春节后远程办公类 App 日活跃用户数同比增长 85.53%；与 2019 年春节期间相比，2020 年春节期间钉钉、Zoom 和腾讯企业微信的新增用户增幅分别达到 703%、663%和 299%。

据阿里钉钉数据显示，2 月 3 日全国有上千万家企业、近两亿人开启使用远程办公服务。华为云 WeLink 仅 1 月 26 日一天就新增近 5000 家机构使用，春节期间新增企业数十万家，新增日活用户数超 100 万人，业务流量增长 50 倍。短时间爆发的巨大市场需求对平台的技术支撑能力也是巨大挑战：钉钉不得不在两天内扩容了 2 万台服务器，以应对这次前所未有的庞大需求，这 2 万台服务器创造了阿里云上短时间弹性扩容的记录；腾讯视频云则用了 8 天时间扩容超 10 万台云主机。

疫情催生的“宅经济”引起了国际媒体的注意。《金融时报》报道称，随着远程办公软件的逐渐成熟，中国上千万人已经进行了好几周的居家办公，此次疫情危机或许能对企业的员工管理和人们的办公方式等方面带来长远改变。美国《广告周刊》收集了疫情对我国零售业诸多方面的影响，认为疫情正在使人们的购物习惯发生改变，具体表现为线上购物的订单量激增、直播平台助力农产品销售、线下助农绿色通道的启用和无人机及机器人配送等。以外卖行业巨头美团为例，该公司 1 月 26 日—2 月 8 日间，多人餐食的订单数量激增，且超过 80%的订单采用“无接触配送”。美国商业内幕网站注意到我国外卖行业的变化，该网站评论称，疫情正在极大地改变中国的食品消费。

从根本上说，疫情对这些领域的促进作用是被中止的线下活动向线上“转移”的结果，反映了平台经济在特定条件下对线下经济活动的替代作用。短期内骤增的需求和供给能否持续，商业模式是否有效，行业发展是否真正迎来新的发展拐点等，都有待市场和时间的检验。可以确定的是，未来这些领域的市场竞争将进一步加剧。

应该看到，疫情带来的“冲击”和“刺激”都是短期的。随着疫情最终得到有效控制和抗“疫”战的全面胜利，以及各级政府及时精准的稳产纾困调控政策，投资和消费活动将再次恢复到疫情之前的正常状态，整个宏观经济也将逐步回归正轨和恢复活力。不同的是，经历此“疫”，数字经济强大的韧性及其在非常时期对应急管理和公共服务发挥的巨大作用得到了进一步展现，通过发展数字经济新业态，打造我国经济新引擎，已经成为众望所归。

CHAPTER 02

在线旅游

跌至冰点

拯救与自救

复苏抑或反弹

蓄力再出发

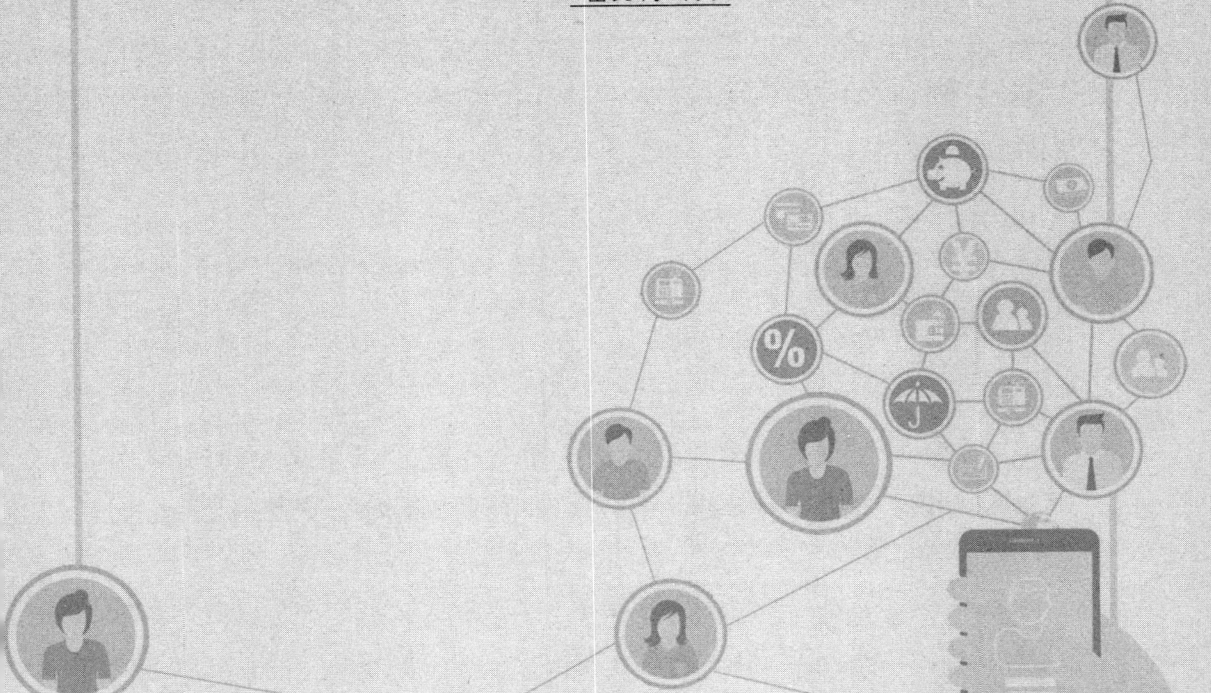

2020年3月初，一张“关于公司决定关闭公司启动清算准备的通知”的截图流传于朋友圈，随后被百程旅行网证实为真。

百程旅行网成立于2000年，主要从事在线签证办理业务、旅游度假服务、目的地服务及企业国际商务旅游业务。2014年3月，百程旅行网获得阿里巴巴、宽带资本2000万美元B轮投资。2015年7月，百程旅行网完成由千合资本领投，点睛资本、飞猪资本、博雅资本等投资机构跟投的2亿元人民币融资。2016年6月，公司登陆新三板，成为O2O出境旅游第一股。根据2018年半年报显示，百程旅行网签证业务占比45.94%，目的地业务占比45.25%，两项业务占比达收入的九成。

尽管疫情形势已逐步好转，但已经有不少企业深陷危机，在线旅游领域尤其如此。

一、跌至冰点

1月初，多家在线旅游平台做出预测，2020年春节黄金周预计将有4.5亿人次出游。然而突发的疫情使得对公共卫生事件高度敏感的旅游业几乎瞬间跌至冰点。

春节为传统旅游旺季。据统计数据显示，2016—2018年春节黄金周占全年旅游收入的比重约为9%。2019年我国黄金周出行人次达4.15亿，实现收入5139亿元。2019年国内旅游人次达60.1亿，同比增长8.4%，国内旅游收入为5.7万亿元，同比增长11.7%。此次疫情暴发正值春节旅游黄金周，在全国交通管制及其他国家入境管控背景下，春节出游人次大幅下降。

疫情影响下的2020年春节黄金周出行活动基本停滞，有人形象地说这是一个被“速冻”的春节黄金周。全国陆续启动重大突发公共卫生事件一级响应，采取包括关闭景区、交通管制、延长春节假期、限制聚集性活动、区域封闭式管理等手段，同时景区、餐饮、旅行社等配合相关部门纷纷启动“退改停”政策。

疫情使旅游业几乎瞬间跌至冰点。以北京市为例，在3月10日下午北京市新型冠状病毒感染的肺炎疫情防控工作第四十六场新闻发布会上，北京市文化和旅游局（以下简称“北京市文旅局”）党组书记、局长陈冬介绍，为了降低人员聚集造成的交叉感染风险，北京市从1月24日起关闭了全市封闭式管理的181家旅游景区，暂停3016家旅行社经营活动。1月24日以来，全市旅行社退团涉及游客76.45万人，涉及金额25亿元，涉旅退费成为投诉热点。截至3月9日18时，北京市文旅局累计收到退费投诉3962件，远超2019年全年的游客投诉总量。这些措施在有效切断病毒传播途径、遏制疫情蔓延势头的同时，无疑使旅游及相关产业遭受重创。

从全球来看，2月28日柏林国际旅游交易会（以下简称ITB）主席宣布，基于对新冠肺炎疫情的担心，原计划2020年3月4日开幕的ITB取消。ITB于1966年开创，被称为世界旅游业的“奥林匹克”，约有180多个国家和地区的上万家参展商参展。这是54年历史上第一次取消，此次疫情的严重程度可见一斑。世界旅游城市联合会之前为此做了大量筹备工作，打算开展一系列活动，但全部因疫情取消。

世界旅游城市联合会的专家研究结果显示，2019年全球旅游总人次（包括国内旅游人次和入境旅游人次）共计123.1亿，收入5.8万亿美元。

即使自然增长，2020年增速均可以达到40%。我国国家统计局公布数据表明，2019年我国入境游客1.45亿人次，其中外国人3188万人次，国际旅游收入1313亿美元，出境1.55亿人次，同比增长4.5%。

对于此次疫情将会对国内旅游业带来的影响，中国旅游研究院测算数据显示，预计2020年第一季度及全年，国内旅游人次分别负增长56%和15.5%，全年同比减少9.32亿人次；国内旅游收入分别负增长69%和20.6%，全年减收1.18万亿元。

线下旅游受到的冲击必然会延伸到线上，毕竟旅游是必须通过线下活动才能完成交易闭环的活动。尽管近年来很多景点和机构推出了类似“虚拟观景”的服务，但都无法取代现实生活中的旅游活动和体验。在越来越多的人已经不满足于“到此一游”的短暂体验，而是需要更深层次体验和休闲度假服务的今天，旅游业线上线下高度融合。

受疫情影响，1月24日，文化和旅游部发布紧急通知，要求全国旅行社及在线旅游企业暂停经营团队旅游及“机票+酒店”旅游产品。旅游业几乎停摆，大批原定春节期间出游的消费者取消了旅游计划。

由于业务停滞，在线旅游平台上的很多中小代理商在其所代理的公司未回款之前很难再垫钱为消费者退款，因此平台不得不通过垫资方式帮助代理商暂时渡过难关。目前，国内个别头部在线旅游平台垫资金额都已达数亿元。此外，还会出现航空公司、酒店无法全额退款，顾客投诉后，由平台补偿差价的情况。

尤其是疫情期间，携程、途牛、飞猪、去哪儿、马蜂窝、同程艺龙等在线旅游平台均在不断升级免费退改签范围，平台垫资金额增至亿元量级。大量消费者取消订单、退款潮集中出现，对旅游消费市场造成巨大冲击，也对平台企业形成巨大挑战。据了解，在线旅游平台的供应商合作伙伴，正常情况下几个工作日就能回款，遇到春节巨量退订，一般的资源方退款可能要等 1～3 个月，但消费者大多数要求 10 个工作日就要退款，平台企业垫资的压力非常大。此外，业务停滞期间，平台还要承担大量的技术投入、人员工资、房租等固定成本。

国内最大的在线旅游平台携程董事局主席梁建章在接受媒体采访时坦言，这是携程成立以来“亏得最多的一年，或者至少一个季度”。可以看看疫情发生后携程平台的一系列数据。酒店方面，1 月 23 日携程推出全球酒店“安心取消保障”计划，超 40 万家酒店加入，到 3 月初已完成保障范围内全球酒店订单退订。由于订单量巨大，1 月 23 日峰值期间，进线量增长 8 倍，峰值增长 12 倍。机票方面，到 3 月初，境内航空公司已经 100%配置完成，境外航空公司的规则已在加急上线。截至 1 月 30 日，平台收到的退改诉求总量达数百万个，相较日常增长近 10 倍，其中除夕当天迎来退改最高峰，退改要求达百万级。火车票方面，平台单日业务量同比增长 300%，相比平日增长 500%，一天内接到近 10 万通咨询电话。3 月 19 日，携程集团发布 2019 年第四季度及全年的财务业绩。数据显示，携程全年的总交易额（GMV）达 8650 亿元，同比增长 19%；净营业收入为 357 亿元，同比增长 15%。但受疫情影响，预计 2020 年第一季度净营业收入同比下跌 45%～50%；若不计股权报酬费用，2020 年第一季度运营亏损 17.5 亿～18.5 亿元。

全球最大在线旅游网站 Booking 在其发布的截至 2019 年 12 月 31 日的第四季度及全年财报中指出，由于新冠肺炎疫情，全球旅游业的短期前景并不明朗；受此影响，公司预计 2020 年第一季度预订间夜量将同比下降 5%～10%，旅行总预订量将同比下降 10%～15%，收入将同比下降 3%～7%，净利润将在 3.3 亿～3.55 亿美元。

有机构研究预测，受新冠肺炎疫情影响，2020 年中国旅游经济发展承压明显。[1]对于一些资金实力比较强的大型平台企业而言，尚有一定的回旋余地，而对许多中小平台而言，大量订单的撤销、业务的急剧萎缩、巨额垫资及尚需不断投入的人力和技术成本等势必会让企业不堪重负甚至退场。

二、拯救与自救

遭受重创的旅游业需要政府出手相救。2003 年“非典”后，财政、税务、旅游等相关部门都以不同的形式帮助企业走出困境，此次也不例外。

国家发展和改革委员会（以下简称“国家发改委”）、文化和旅游部、财政部、人民银行、人力资源和社会保障部、国家税务总局多部门密切联动，积极研究制定涵盖资金支持、金融政策、税费减免、降低成本、政务服务等多个方面在内的文旅行业扶持政策，特别是针对文旅行业出台了延长旅游企业 2020 年度亏损的结转年限，对提供文化体育、旅游娱乐等服务所取得的收入免征增值税、城市维护建设税和教育费附加，不得盲目抽贷、断贷、压贷等专门政策。

2 月 5 日，文化和旅游部印发《关于暂退部分旅游服务质量保证金支持旅行社应对经营困难的通知》。各地文化和旅游行政部门按照要求确定专人专班，建立工作台账，主要加强与各银行联络，为旅行社提供服务。据统计，全国有 3.9 万家旅行社，截至 2 月 25 日提出暂退质量保

1 易观，疫情下的在线旅游行业观察，https://baijiahao.baidu.com/s?id=1659148992954935919&wfr=spider&for=pc。

证金的共 35 200 家，占旅行社总数的 90%，应退质量保证金总额达到 80 亿元。

2 月 27 日，国家发改委下达了《“十三五”时期文化旅游提升工程》2020 年第一批中央预算内投资，共安排 57 亿元，支持 485 个公共文化服务设施、国家文化和自然遗产保护利用设施、旅游基础设施和公共服务设施建设项目。至此，“十三五”时期已累计安排文化旅游提升工程中央预算内投资 278 亿元，包括文化项目共 61 亿元、遗产项目共 97 亿元、旅游项目共 120 亿元。

各地方政府、旅游主管部门也积极主动作为，结合本地实际出台相应举措，助力当地旅游企业渡过难关。据不完全统计，到 3 月初，已有海南、山西、浙江、江西、江苏等 17 个省，专门出台了针对文旅行业应对疫情的扶持政策。还有的地方在应对疫情的一揽子措施中，将文旅行业作为扶持重点。如 2 月 3 日北京市发布的《关于进一步支持打好新型冠状病毒感染的肺炎疫情防控阻击战若干措施》明确提出，对于旅游、住宿、会展、冰雪体育等受影响较大的行业企业，经相关行业主管部门确认，可将疫情影响期间应缴社会保险费（以下简称“社保费”）征收期延长至 7 月底。延长社保费缴纳周期是短期内缓解包括旅企在内各企业现金流压力的重要手段。

截至 3 月 16 日，全国已经有 28 个省（区、市）3714 家 A 级旅游景区恢复对外营业，复工率超过 30%，已恢复开放的旅游景区主要为山岳型景区、开放型景区还有市民公园等室外旅游场所，总体运行平稳，未出现疫情异常情况。在 3 月 18 日举行的国务院联防联控机制就促进消费回补和潜力释放有关情况的发布会上，文化和旅游部相关负责人将推动文旅市场的消费回补概括为 12 个字“有序开放、狠抓线上、帮扶企业”，具体来说就是要坚持精准有序扎实地推动文化和旅游企业复工复产，加快发展数字文旅产业，积极为文化和旅游企业纾困解难。文化和旅游部已就旅行社和在线旅游企业在省域内有序恢复经营活动做出部署，各地已陆续恢复辖区内旅行社和在线旅游企业的经营活动。

行业遭受重创之时，疫情也在倒逼行业和企业更加积极行动和深刻思考：如何变被动等待为主动作为，既着眼于应对短期的疫情冲击，更要立足于未来更长远和高质量的发展。

平台企业加大对入驻商家的扶持力度。2 月 5 日，携程宣布向其平台上的机票、酒店、旅游度假等领域合作伙伴推出“同袍”计划，包括投入 10 亿元合作伙伴支持基金和 100 亿元额度小微贷款等 10 项措施。针对旅游度假平台团队供应商，携程将减免其春节前投入的广告推广费用，减免春节期间订单的交易佣金，退还平台系统使用费至少 3 个月，另外还将为其承担春节退订订单中无法减损的机票、酒店、签证、用车及地接资源费用，并采取将结合携程平台争取到的资源方政策为供应商伙伴尽力减损。酒店方面，携程将投入亿级营销资源和专属标签回馈“安心取消保障”计划参与酒店，并采取对部分酒店及产品佣金给予 6～12 个月的减免措施。金融支持方面，携程金融分别针对酒店和旅游供应商推出经营贷、诚信链产品，携手多家银行合作伙伴，为携程平台商户提供不少于 100 亿元额度规模的小微贷款。3 月 9 日，阿里旗下在线旅游平台飞猪宣布，联合阿里生态合作银行，面向平台商家推出新一轮资金扶助政策。商家以飞猪经营评估报告为基础，经由银行审核可享受无抵押低息扶助贷款，首批扶助资金约 5 亿元，年利率 3%～6%。

行业领先企业率先发起行业自救与复兴行动。3 月 5 日，携程宣布启动“旅游复兴 V 计划”，联合百余目的地、万家品牌共同投入 10 亿元复苏基金，促进旅游消费，振兴疫后旅游经济。携程联合创始人、董事局主席梁建章在发布会的致辞中说：“旅游行业为全球贡献了超过 10%的 GDP，但在疫情中却成为受影响最大的行业之一，‘旅游复兴 V 计划’是携程作为行业龙头企业，发挥平台优势，承担责任，组织产业链自救的积极尝试。”据介绍，该计划从 3 月启动，将持续全年，分为回暖期、复苏期、反弹期 3 个阶段。携程将通过流量联盟精准转化、智能投放、精细化补贴等形式，助力行业走出疫情冲击。携程平台还对全行业开放了携程大学、酒店大学、旅游学院共 2000 门精品线上课程。酒店大学面向酒店合作伙伴，旅游学院面向旅游供应商、门店加盟商及部分旅游专业学生，携程大学面向携程员工。已有数十万家酒店加入“防疫充电计划”，携程酒店大学学习时长提升 70%，而在携程酒店大学考证人数，更达到平日的 4.5 倍。

利用疫情期间苦练内功和挖掘特殊时期的新机会，也是诸多平台企业的选择。同程艺龙平台针对住宿供应链、资源端做了一次较为系统的梳理：对高星级酒店的床型进行了重新分类，便于准确定位客户的实际需求；对所有资源进行有效性筛查，将不能接单的产品、酒店做关停下线处理，平均每人每天核查 1000 条产品，累计关停无效产品 4 万多条。疫情期间无法出门，出现了“云旅游”热，马蜂窝迅速搭建“疫情期旅游实时信息汇总”，众多旅游服务商、景区景点均在其中更新信息，为消费者未来出行提供参考。途牛凭借成熟的旅游特产频道、苔客等平台，以及社群渠道和遍布全国的地接社网络，深入产地源头，采购优质特产进行线上售卖。中国旅游集团开通“线上巴士商城”和免税商品在线预订等新业务，三亚免税城 2020 年 1 月 27 日—2 月 13 日累计在线销售实现同比增长 92%。岭南集团在保障游客无损退改的同时，正通过岭南酒店和广之旅易起行平台，推出外带安心居家美味服务，让老百姓能够不出家门享受名厨定制美味。

三、复苏抑或反弹

与跌至冰点的焦虑甚至恐惧并存的，则是人们对疫情过后市场复苏甚至报复性反弹的渴望。

在线旅游遭受的巨大冲击根源在于人们的旅游需求在疫情期间被限制和压制，事实上这种需求并没有消失或减少。因此，疫情“寒冬”只是暂时的，一旦疫情得到有效控制，市场需求必然会逐步释放，旅游市场也必将逐步复苏。飞猪发布的数据显示，2 月 24—28 日搜索五一机票和火车票的用户，比上周增长 40%，搜索“五一”酒店的用户增长了 35%。

长期来看，我国旅游消费市场仍将呈现快速增长态势。随着物质生活水平的提高，人们对休闲娱乐等高品质生活服务需求的增长日渐强烈。在生活服务需求中，伴随旅游资源的不断丰富及交通出行的便捷化，旅游消费正成为服务消费升级的重要方向。最近几年，我国旅游业总收入保持年均 10%以上的增长速度，假期旅游、短途旅游消费成为重要驱动力。根据《“十三五”全国旅游业发展规划》，2020 年我国旅游业总收入将达到 7 万亿元。在旅游消费尤其是假日游、周末游等的强劲带动下，出行引致的住宿需求将呈现爆发式增长，同时市场需求也会因旅游淡旺季及节假日高峰需求而出现巨大波动，普通节假日酒店需求热度往往是平时的两倍之多。

但另一方面，就近期看，疫后旅游市场会呈现何种态势？会不会出现很多人所期待的“报复性反弹”？一方面我们可以参看“非典”后的情形。

2003 年，在“非典”疫情基本得到控制的情况下，世界卫生组织于 2003 年 6 月 24 日将中国大陆从疫区除名，这标志着疫情在中国大陆基本结束。当时旅游业界认为旅游业两年可以恢复，实际只用了半年。当年“十一”黄金周，全国共接待旅游者 8999 万人次，比 2002 年同期增长 11.5%，旅游收入比 2002 年同期增长 13.1%，旅游者人均花费支出比 2002 年同期增长 1.3%。[1]也是在 2003 年，在线旅游平台携程的业务量在“非典”后得以快速增长，2003 年 7—9 月的营业额相较于第一季度增长 73%，超过“非典”前期水平，并于当年 12 月在美国纳斯达克上市。

不过正如本书第一章所分析的，此时之中国已非彼时。就在线旅游业本身而言，17 年来也已经发生了巨大变化，仅仅根据“非典”后的情形就预期行业在短期内出现“反弹”，或许过于乐观。2019 年，我国旅游业收入近 65 000 亿元，如此大规模的市场体量，要达到高度恢复并不是容易的事；加上当前经济增速变缓和结构调整，家庭负债率相对提高，这在一定程度上也影响到旅游消费的复苏步伐。旅游业本身也发生了很大变化，业态更加丰富，产业链更加复杂，全面恢复也都需要一定时间。

四、蓄力再出发

旅游业是一种综合性经济形态，就其主体而言，涉及吃、住、行、游、购、娱等多个产业，是现代服务业的重要组成部分。不管从哪个角度看，就总的发展趋势而言，旅游经济和相关产业繁荣发展的基本面并不会因

1 全国假日旅游部际协调办公室，2003 年“十一”黄金周旅游统计报告。

疫情而改变，更不会消失。随着疫情有效防控的持续推进，行业发展的自我修复和持续创新的动能也在逐步积累和日益强大。

随着我国经济发展水平、人们收入水平的显著提高，消费理念和消费方式的不断转变，旅游已经成为人们追求美好生活的重要方式和内容。来自中国旅游研究院面向城乡居民的专项调研表明：多数受访者判断疫情“可能还会进一步扩大，但总体可控”；71.5%的受访者表示疫情结束后稳定一段时间会外出旅游；20.7%的受访者表示疫情过去后会尽快外出旅游。越来越多的人相信：疫情终将过去，取消的旅行计划，会在更美时成行。[1]尤其是近几年，我国宏观政策层面一直在引导和鼓励旅游消费和旅游新业态的发展，一场疫情也不可能改变在线旅游整体的发展趋势和轨迹。

与此同时还应看到，旅游行业本身也在发生着深刻变化。如今，旅游的社交属性更加凸显，旅游与其他业态融合程度越来越高，人们对旅游过程中的各种体验需求越来越强烈，如何顺应这些趋势和及时把握市场需求，利用好线上线下两种渠道，满足人们多样化的需求，是整个行业都必须认真思考的问题。这些问题本身，或许和疫情是否发生并无必然的联系，但疫情的发生，或许会让人们的思考更早也更深刻。

就在线旅游而言，经过将近 20 年的发展，我国在线旅游市场渗透率快速提升，相关服务的消费群体迅速壮大，人们对于在线旅游的认知和消费的实践体验都有了很大变化，对平台服务水平的期望和要求及主动维权意识都在增强。数字技术越来越深入、全面地应用于旅游业，有望实现旅游全场景渗透，产业链各环节的新业态新模式层出不穷，市场竞争

---

1 戴斌，疫情对旅游业影响巨大 但预期相对乐观，http://t.m.youth.cn/transfer/index/url/tour.youth.cn/xw/202002/t20200222_12207429.htm。

更加激烈。同时，随着在线旅游新业态的发展成熟，相关的监管制度也越来越完善，合规运营是每个平台企业生存与发展的底线要求。所有这些都意味着，未来在线旅游行业的市场竞争将更加激烈，能否为用户提供高质量的旅游服务，直接决定着用户满意度的高低，决定着平台企业的市场竞争力，乃至整个行业的发展潜力和前景。

旅游业与科技融合发展是大趋势。旅游业本身的特点决定了它必然是线上线下高度融合，线上服务如何与线下体验如何，两者是密切关联、互动影响的。2019 年 8 月，国务院办公厅印发的《关于进一步激发文化和旅游消费潜力的意见》明确提出，要提升文化和旅游消费场所宽带移动网络水平、提高文化和旅游消费便捷程度，运用科技创新手段、促进旅游业发展的政策导向进一步明确。从实践层面看，近年来，随着“旅游+”概念的兴起，一方面是依托网络平台发展起来的原本重点聚焦线上服务的平台企业开始向线下拓展，如布局线下门店；另一方面是传统的线下渠道商也在不断深化信息技术应用，推动其服务不断升级。

经历此次疫情危机，我们的社会将更加强调生态发展，人们将更加崇尚健康绿色的消费理念，品质化、高质量有望成为旅游业发展转型大趋势。能否充分利用现代信息技术，持续推进产品升级、服务升级，提升服务的精细化、专业化水平，以游客为中心满足其多元化、个性化需求，将成为平台企业能否赢得市场竞争的关键点。

随着人们收入和消费水平的持续提高，以及中产阶层人群的不断扩大，人们对中高端生活服务需求也将相应扩大，对共享住宿的需求也将从早期阶段的经济型消费转向舒适型、品质型的中高端消费。另外，各地政府旅游部门也在不断强调旅游供给的品质化，积极推动旅游产业融合，发展融合新业态，引导商务休闲、生态观光、养生度假、乡村生活等高品质旅居要素与民宿发展的有机融合，打造更加个性化、创意化、品质化的民宿资源。中高端民宿将成为未来平台企业竞争的焦点。同时，平台面临的盈利压力越来越大及中高端房源利润空间相对较大，也是引发各平台企业发力中高端市场的重要原因。中高端市场竞争加剧，也将使整个行业的竞争更加激烈。

此次疫情危机对企业应对重大突发事件的危机处理能力和客户服务水平都是一次巨大考验。疫情结束后旅游市场复苏的步伐在很大程度上会受到是否有完善的危机处置机制这一因素的影响，在这方面，大数据、云计算、人工智能等技术将大有用武之地。传统旅游企业的数字化转型步伐将加快，同时各类在线旅游平台也将进一步强化其线下服务能力，以现代信息技术为支撑、线上线下高度融合的高质量发展的旅游新业态将是行业发展大势所趋。

CHAPTER 03

本地生活服务

"逆袭"的生鲜电商

无人化服务

线上线下融合的新消费时代

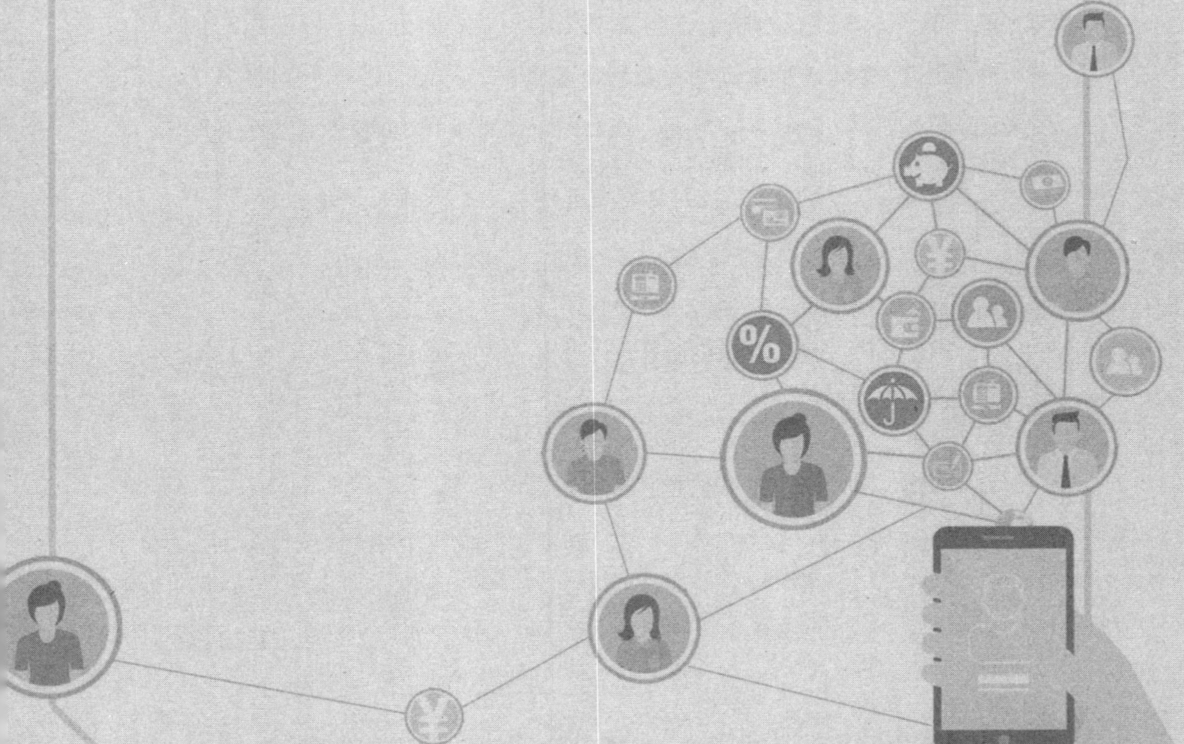

疫情期间，本地生活服务呈现出“线上线下冰火两重天”的状况。以线下实体店为核心的商家遭受沉重打击，线上服务却成为很多人在疫情防控特殊时期的“刚需”。2020 年 3 月 18 日，中国连锁经营协会发布的《新冠肺炎对中国连锁餐饮行业的影响调研报告》显示，2020 年 1—2 月餐饮企业的营业额和净利润大幅下滑。1 月，销售额同比降幅集中在 30%以内，有 8%的样本企业实现正增长；2 月，大部分样本企业销售下降 80%以上，实现同比正增长的样本企业为零。疫情之下，外卖成为各家餐饮企业实现销售额的重要手段；91.6%的样本企业在疫情期间发力外卖产品。其中，73.2%的样本企业尝试拓展团餐外卖业务；超过 40%的样本企业出售食材、半成品餐食及预包装食品，降低食品原材料储备的损失；还有一些样本企业探索无人车配送、无接触配送服务，为顾客提供更安心的服务。[1]

一、“逆袭”的生鲜电商

一场疫情，让生鲜电商发生了“命运大转折”。

2019 年，生鲜电商行业陷入低谷，裁员、关店、倒闭消息接连不断。呆萝卜资金链断裂，上千家门店关门；易果生鲜拖欠 1400 多万元债务，

---

1 中国连锁经营协会，新冠肺炎疫情对中国连锁餐饮行业的影响调研报告，https://baijiahao.baidu.com/s?id=1661484426962860306&wfr=spider&for=pc。

被法院列为执行人；吉及鲜宣布公司融资失败……巨头企业也开始进行业务调整，阿里旗下的盒马鲜生、美团旗下的小象生鲜均关停了部分门店，永辉超市更是将孵化生鲜品牌“超级物种”的永辉云创剥离出上市公司系统。

2020年，生鲜电商却得益于疫情期间人们纷纷居家隔离、消费活动被迫向线上迁移，行业迎来了大爆发。公开数据显示，各类平台的订单、销量、用户等均大幅增加。盒马鲜生疫情期间线上订单数量同比大涨220%。据Quest Mobile数据显示，盒马鲜生App 2020年春节日均活跃用户数量同比增长127.5%。每日优鲜春节期间交易额同比暴增350%，总销量突破4000万件；叮咚买菜一天内交易额增加300%，每日新增用户4万多人；京东到家从除夕至大年初九，其粮油副食、肉品、休闲食品、蔬菜、水果的销售额分别比2019年春节增长了740%、710%、530%、440%、380%。美团买菜北京地区的日销售量最高为节前的2～3倍，并呈现持续上涨趋势，蔬菜、粮油副食、水果、肉禽蛋、海鲜水产等品类需求量较大，日均销量占比超过60%，其中蔬菜销量增长最为迅速。此外，美团买菜平均客单价也上涨了70%，其中深圳地区的平均客单价为节前的2倍左右，进口水果、牛奶、豆制品、熟食的销量也明显走高。

传统商超纷纷加入这一“战场”。家乐福上线了自己的电商小程序，仅一周时间获取用户超50万人；步步高在大年初六正式上线“小步到家”服务，首批覆盖湖南长沙西区27个社区，上线1小时订单量突破1000单，2月28日其线上业务发展至日销7万单、销售额700万元。除此之外，这一“战场”更是吸引了“中石化”这样的跨界玩家，中石化推出“不下车不开窗，一键送到后备厢”的买菜服务，车主提前在线上下单，前来加油站加油时，工作人员就会把菜打好包后装进车主的后备厢，截至2020年3月，其业务已覆盖至450个加油站点。

生鲜电商的“一夜回暖”，不得不让人思考，这样的繁荣是否是可持续的？生鲜电商是否真正迎来了自己的春天？

生鲜电商被认为是整个零售行业中最难的领域之一。尽管该行业发展已有十几年之久，但据艾瑞咨询数据显示，生鲜电商渗透率仅约为3.4%，而综合电商的渗透率超过70%。

导致生鲜电商生存发展缓慢的原因，一方面在于用户习惯尚未养成、市场接受度不高，麦肯锡在2018年对我国生鲜商品消费者调研之后发现，超过85%的受访者只会到线下购买生鲜商品；另一方面则在于其本身的商业模式尚不完善，行业盈利困难。2018年中国农业生鲜电商发展论坛发布的数据显示，在全国4000多家生鲜电商中，只有1%实现盈利，4%持平，88%亏损，剩下的7%则是巨额亏损。

生鲜电商有“三高”，即“成本高、损耗高、补贴高”，因而被看作重资产生意，需要在供应链、建仓等环节大量投入；而且在产品流通过程中，从订货、收货、搬运到储存、加工、理货等各环节都会出现大量损耗。由于技术应用不足、管理体系不健全等多种因素影响，我国生鲜电商在这一环节的短板更为严重。数据显示，目前欧美国家已经将生鲜产品的损耗率控制在5%的稳定水平，其他食品的损耗率也已经降到1%以下，而我国的生鲜平均损耗率在10%以上，是欧美国家的2～3倍。[1]在需要投入大量成本的情况下，生鲜电商平台采用的传统打法是通过不断地扩大市场、吸引用户来降低边际成本；而在竞争激烈的情况下，却又往往采取“价格战”“补贴战”模式，一面需要源源不断的成本投入，另一面需要持续的用户补贴。在核心竞争力尚未建立的情况下，一旦补贴停止，用户也会随之流失；在未能发展出健康盈利模式的情况下，一旦外部融资

1 前瞻经济学人，2019年中国生鲜电商产业全景图谱，2019年3月。

中断，平台现金流就会面临重大挑战。在2019年市场信心严重不足、互联网融资环境骤然遇冷的大环境下，便有众多生鲜电商平台因为融资失败而导致资金流断裂、经营活动被迫中止。

疫情对于生鲜电商最大的利好在于需求侧的刺激，能让平台几乎不需要付出任何获客成本，就获得了大量用户，而且其中不乏三四线城市居民、中老年人等过去认知程度较低的群体。但与此同时，暴增的用户，也对生鲜电商平台的供给侧能力提出了更大的考验。

第一，能否具备足够的服务能力？

此次疫情期间，在交通封闭、物流梗阻、大量员工难以返岗、上游供应商未能复工复产的情况下，许多平台都遇到了供给严重不足、无法满足居民抢菜需求的情况；配送时间过长，往日“一小时达”的服务，在疫情期间用户甚至要等待两天；订单量暴增、人手短缺之下商品品质难以保证；人力、物流运输、进货价的上涨导致商品价格难以保持平稳等问题，极大地影响了用户体验。据七麦数据显示，叮咚买菜、每日优鲜等生鲜电商平台在App Store总榜免费榜中从2020年2月16日便开始下滑，排名甚至低于2020年元旦之前。

这既考验平台的创新智慧，也考验着平台的供应链实力。针对“员工荒”问题，阿里旗下盒马鲜生通过与云海肴、西贝等餐饮企业“共享员工”，使服务员临时转岗为拣货员、配送员。沃尔玛、永辉超市、生鲜传奇、金虎便利等也都纷纷发出号召，欢迎友商和邻业暂停营业的闲置员工来公司“上班”。

在一定意义上说，“共享员工”是对社会、企业、员工各方都有利的多赢举措，既可以大幅提升短期内业务暴增的平台企业的服务能力，也有助于缓解线下餐饮企业因无法正常经营而大幅增加的企业负担，有助于增加待业员工的收入。

除了生活服务领域，这一模式还被广泛应用到房地产、科技、物流等多个领域，在稳就业增收入方面发挥了积极作用。针对“供货难”问题，苏宁利用全球直采供应链优势，通过 6 个国家 50 个地区超过 200 名采购人员紧急与近 2000 家工厂和商户沟通，扩充商品来源。针对“送货难”问题，京东依托其供应链体系和物流能力优势，积极进行内外部物资统筹、公铁空运力整合、城配与最后一千米配送调度，确保物流系统平稳有序运转。

但另一方面，也要注意到，“共享员工”这种创新模式也存在一定的问题，如其在法律层面面临违法经营劳务派遣业务的法律风险，疫情期间员工的身体健康问题，提供方可能面临员工流失的风险等。

第二，平台能否实现顾客的长期转化？

当因为疫情而出现的被动需求消失，若不能实现用户的有效转化，生鲜电商恐怕会陷入比以往更大的困境：疫情期间行业的火爆吸引了大量的新进入者，行业竞争会更加激烈，无论从资金压力还是从实际效果的角度来看，仍采用大量补贴的方式来吸引用户都是难以为继的；尤其是在诸多巨头参与的情况下，中小平台将会迎来更大的挑战。

无论是出于行业格局的挑战，还是顺应政策层面的引导，或者是满足居民需求的考虑，生鲜电商都亟须实现发展方式的转型：从以补贴换流量、以烧钱换市场的规模式扩张转向提升用户体验、构建产业核心竞争力的质量型发展。这就需要平台企业实现线上线下的联动布局，一方面加强供应链建设，加大线下供应商渠道、冷链仓储、物流配送等各环节的投入力度；另一方面依托数字化管理系统，精准洞察用户需求，从而有针对性地进行商品开发、商品营销，并控制平台在运输仓储等各环节的经营损耗和成本支出，在促进企业提质增效的同时，也为消费者提供更具品质性、安全性、高效性的优质服务。

二、无人化服务

疫情期间，“无人化服务”是平台企业推出的一大创新，服务供给方和用户无须当面接触，便可实现线下的闭环交易，最大限度地避免了人群聚集的交叉感染风险。这一举措得到了政策的高度肯定，并在全国范围内广泛推广。2020 年 2 月 6 日，商务部联合国家卫生健康委员会印发的《零售、餐饮企业在新型冠状病毒流行期间经营服务防控指南》提出了鼓励外卖平台推行“无接触配送”的操作规范，北京、江苏、辽宁、山东等多地政府出于疫情防控、保障民生、推进企业复工复产的考虑而在相关政策文件中鼓励实施无接触配送。

总体来看，无人化服务分为 3 类，一是对于生鲜产品、外卖、快递等的无接触配送，二是能自动制作、提供商品的无人货柜，三是没有收银员、服务员的无人店。

第一类是无接触配送，分为 3 种形式。一是由配送员和用户事先约定好一个放置商品的指定位置，如公司前台、家门口等，送达后配送员将通过电话和 App 等渠道通知用户取餐；二是由配送员将商品放至办公楼或者小区的智能取餐柜，由用户自行取走；三是由无人车、机器人、无人机代替人力进行配送。例如，疫情期间美团无人车为北京地区居民配送蔬菜，该无人车可以自动识别红绿灯并礼让行人，一次可配送 100 千克物品，续航里程 100 千米；顺丰无人机则突破了陆面交通封锁的限制，将医疗和防疫物资送到医护人员手中，该无人机任务负载可达 10 千克，续航里程可达 18 千米。

第二类是无人货柜。瑞幸的无人咖啡机可自动完成用户下单、饮品制作、落杯、压盖全流程，制作出不输于门店口感的现磨咖啡；自动售货柜也在医院、社区等场景广泛铺设，为消费者提供了巨大便利。

第三类是包括无人超市、无人便利店、无人酒店等在内的无人实体店。火神山医院建成使用当日，一家24小时营业的无人超市便在此开设，顾客挑选完物品，只需要用手机自助扫码结账就能完成购买，该无人超市仅开业第一天就接待了200多名顾客。华住、首旅如家等酒店推出了"无人酒店"服务，没有接待员提供当面服务，用户可通过手机客户端和酒店自助机完成下单、续住、退房等手续，此外还通过机器人为用户递送食物、生活用品、外卖和快递等。据华住酒店数据显示，截至2020年3月其自助入住设备累计服务超过15 000名客人，机器人累计送货24 000余次。

值得注意的是，海外企业也加入了"无人化服务"大军。2020年2月，美国电商巨头亚马逊（Amazon）在公司总部西雅图开设了首家无人收银杂货店，消费者在进行面部识别后，店内的摄像头和传感器会自动追踪消费者选购的货架商品信息，并在消费者离开后自动结账。日本便利店巨头罗森也宣布将试行无人收银，让用户无须现场付费，直接"拿了就走"。

"无人化服务"在疫情期间发挥了巨大作用。对用户而言，满足了安全与购物的双重需求，有力地弥合了民生需求缺口；对平台而言，能在人手较为短缺的情况下，以更短的时间服务更多的用户；对餐饮、酒店等商家而言，能通过无人化方式提供服务，从而对冲线下经营受到限制所带来的营业损失。

除疫情的短时应急外，无人化对于行业的长期发展也大有裨益。

一是能够促进企业降本增效。取餐柜能一次同时服务多位用户，有效节省配送时间，尤其在团餐业务中将发挥巨大的优势。无人机配送能突破小区封闭、交通限行等物理条件的限制，大大提高配送的时效性。总的来看，以机器替代人工的无人化服务，不仅能够将人从重复性、机械性的劳动中解放出来，降低人力成本，还能实现 24 小时全程无休，大大延长服务时间。

二是能够提高用户体验。无人化服务消除了人为服务的不确定性和不稳定性，有效解决了在实体店消费时排队时间长、收银效率低、服务员态度不佳及外卖快递中等待时间长、为等配送需要被迫暂停外出计划等种种问题，为消费者创造了更为便捷灵活的服务场景。

三是进一步激活数据价值。无人化服务是高度数字化、智能化的产物，能够通过收集消费者在选品、支付、服务过程中的各类数据，产生出更大的价值。以无人超市为例，结合机器视觉技术，企业可了解用户在什么货架前面停留时间更久、一件商品拿放次数等细致全面的信息，从而有针对性地改进运营方案。

此次疫情带给行业的发展机遇：一是在消费层面，大大提升了民众对于这种新兴服务方式的认知和接受程度；二是在政策层面，给予了相关肯定和支持，习近平总书记在统筹推进新冠肺炎疫情防控和经济社会发展工作部署会议上的讲话中明确指出，“一些传统行业受冲击较大，而智能制造、无人配送、在线消费、医疗健康等新兴产业展现出强大成长潜力。要以此为契机，改造提升传统产业，培育壮大新兴产业”；三是相关主体的合作意愿大大增强，许多以前对取餐柜入驻表现出排斥态度的社区、办公园区在疫情期间主动联系相关平台企业要求合作。

由此可见，无人化服务未来发展前景可期，但这一模式想要实现广泛普及，仍需进一步解决一系列问题。

首先是技术问题。疫情加速了行业创新，但并没有缩短原有的技术发展路径。例如，无人车需要实现大空间尺度下的配送路径规划、路面信息的精准分析、突发情况的快速反应，每秒都需要大量的数据计算、流量消耗，但现在的5G等网络基础设施及人工智能等应用技术还不足以形成稳定支撑。

其次是投入产出比问题。无人化服务的实现需要大量技术投入，但能否具备广阔的应用场景、产生的效益能否覆盖支出，都存在很大的不确定性。以无人超市为例，在2017年时是炙手可热的风口领域，但不到一年，各大企业就像多米诺骨牌般纷纷倒下，成本与收益不成正比是一大重要原因。无人店仅仅是不需要收银员，补货、整理、清洁、运营依然需要人工进行；收银员人力成本相对较低，而想要实现无人化所需的摄录镜头安装、自动识别装置搭建、智能运营系统等相关技术支持却需要耗费高额资金。此外，由于缺乏人工管理，频频发生的商品毁坏、盗窃等问题也需要企业付出大量的耗损支出。

最后是商业模式仍不成熟的问题。通过智能取餐柜进行无接触配送虽然能够降低平台的配送成本，但是相比送货上门的形式却给用户造成了一定不便，平台需要思考如何通过完善点位布局、优化取货流程等在二者之间取得平衡。对于无人店而言，如何在为用户提供自助消费场景的情况下，解决用户的购物咨询需求，是平台需要进一步考虑的重要问题。

因此，“无人化服务”的重点在“服务”而非“无人”，任何技术创新都需回归商业本质，即增加销售、降低成本。“无人化服务”想要走得更远、更稳健，还有赖于平台企业进一步通过技术创新、模式创新来不断提升用户体验和提高企业运营效率。

三、线上线下融合的新消费时代

疫情防控期间居民很多被抑制的消费需求并没有消失，只是推迟了实现的时间，居民消费意愿将在疫情结束后回归常态，被抑制的消费需求将快速释放。同时，疫后消费市场还会呈现一些新的特点。从供给侧看，一是疫情冲击下更多经营者看到了线上线下相互补充的重要性，数字化、线上转型会加速；二是疫情防控需要为一些新技术应用开辟市场空间，无人机送货、无人车载人等新兴服务供给方式加速出现，传统的行业发展和商业模式可能被打破，推动线上消费内容和场景不断丰富。从需求侧看，一是随着居民对线上消费习惯的养成和接受度的提高，消费方式将进一步在线化；二是更加注重健康、环保和品质化消费，更加注重个性化、便捷化的服务体验。

当前，在线消费已成为提振消费、扩大内需的重要力量。

3 月 18 日，在国务院联防联控机制举办的新闻发布会上，国家发改委相关负责人指出，以网络购物和网上服务为代表的新型消费展现出了强大的生命力，新型消费成为我国经济发展的新动能。我国将加快以 5G 网络和数据中心为重点的新一代信息基础设施建设，努力推进信息服务全覆盖；鼓励发展线上线下融合消费新模式，促进传统销售和服务上线升级。

国家发改委等 23 部门近日联合印发《关于促进消费扩容提质加快形成强大国内市场的实施意见》，其中也明确提出，培育消费新业态、新模式，将大力发展“互联网+社会服务”消费模式，促进教育培训、医疗保健、养老服务、婴幼儿照护、文化娱乐、体育赛事等服务消费线上线下融合发展。

新服务新消费时代正在加速到来。这一点，不仅体现在国家的宏观政策层面，更体现在巨头企业之间的竞争和市场甄略布局上。

3 月 10 日，支付宝举行的合作伙伴大会上，蚂蚁金服 CEO 胡晓明宣布，支付宝从金融支付平台升级为数字生活开放平台，并立下目标：未来 3 年，携手 5 万家服务商帮 4000 万服务业商家完成数字化升级。支付宝 App 的首页将随之升级改版，新增的入口涵盖方方面面的生活服务，以小程序的形式呈现。对于 B 端商家来说，支付宝能够提供的中心化流量，会给予商家更多曝光。支付宝还推出了“中国小店 2020 计划”，让小店的贷款可得率提升 20%，帮小店营收平均增加 20%。胡晓明表示：“我们曾说过，3 年要让中国小店都能贷款，去年（2019 年）我们做到了 50%，今年（2020 年）我们希望能做到 70%，让小店的贷款可得率提升 20%。其次，用数字化手段帮小店营收平均增加 20%。”3 月 16 日，阿里本地生活服务推出了“七大商家赋能计划”，即每天为商家带来超过 1 亿人次的访问用户；继续保持佣金低于行业 3%～5%的水平；为 100 万家商家升级“数智中台”；帮助 5000 家本地生活商户开设天猫旗舰店；客如云等为商家提供的小程序交易零佣金；对全量商家开放小程序建设能力、千人千面的店铺运营能力、数字会员运营能力；创立阿里本地生活大学，设立餐饮、物流、零售等八大学院，3 年输出 1000 门精品课程，帮助 1000 万名从业人员提升数字化能力。毋庸置疑，阿里正在全力挺进本地生活服务。

就在阿里宣布打造数字生活开放平台的第二天，美团宣布其外卖业务开始由美团高级副总裁兼到家事业群总裁王莆中亲自统领。这被业内很多人解读为美团将继续强化其本地生活服务、强势回应竞争对手挑战之举。

生活服务堪称美团的战略核心腹地，经过多年的深耕和探索已经形成了相当的市场优势和地位，即便如此，面对同样拥有强大技术实力、用户与流量基础和丰富产业生态的竞争对手，也必然是丝毫不敢懈怠的。

还有众多过去多年主攻线下零售的企业也在开始发力线上本地生活服务。3 月 9 日，苏宁易购宣布，正式上线“1 小时场景生活圈”的轻量版会员产品——“随时会员”。苏宁易购平台运营集团副总裁范春燕表示，“随时会员”服务基于苏宁多场景、多业态、线上线下融合的轻量版会员产品，更聚焦到家业务，满足消费者的一日三餐和日常居家生活需求。在全国拥有 27 个配送中心的永辉超市也在拼抢线上市场。春节期间，永辉超市利用 App 推出了在线买菜送货上门等业务，同时对外承诺，蔬菜、口罩、消毒液、洗手液等生活物资均不涨价。永辉超市总裁李国在接受媒体采访时称，受疫情影响，线上购物将迎来黄金发展期，零售行业线上线下融合发展的步伐也将提速，永辉将不断提升科技支撑能力，加强数字化转型，打造“手机里的永辉”。

疫情帮助广大用户培养了线上消费习惯，为本地服务电商带来了客观的流量和用户增长。越来越多的商家进入这一赛道，这无疑是广大消费者的福利，更是未来我国服务业转型升级发展的重要契机。

CHAPTER 04

互联网医疗

暴增的需求与流量

密集的利好政策

行业起飞还有多远

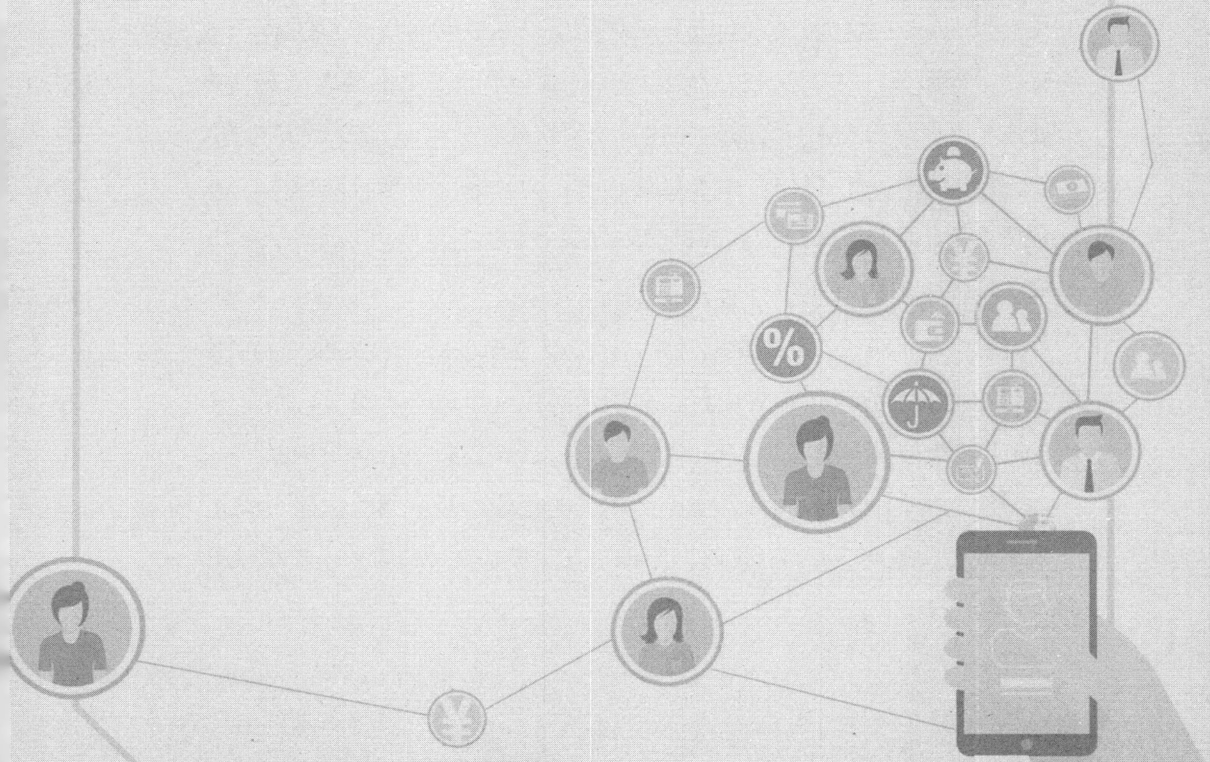

3 月 15 日，阿里健康董事会委任朱顺炎担任首席执行官、执行董事兼董事会主席。阿里方面称，此举为面向未来的创新加强组织保障和投入，助力加速全社会医疗健康领域的数字化“新基建”。利用阿里巴巴平台的技术和生态优势，阿里健康有望在医药新零售、慢病管理、互联网医疗和数字化公共卫生服务解决方案等方面快速孵化创新，而在此前的 2 月，阿里健康以 80.75 亿港元将天猫平台的多项医疗业务纳入其中。疫情期间阿里健康的这些动作，引发了业内的广泛关注。

随着大数据、人工智能、物联网等技术能力的建设进度加快，互联网医疗的创新步伐也在加快。互联网医疗是指以互联网为载体和技术手段的健康医疗服务，内容涉及医疗信息查询、在线咨询、电子健康档案、电子处方、远程会诊和治疗、康复医疗、健康教育多个方面。疫情期间，许多地方出现线下医疗资源严重不足的状况，而且医院感染风险极高，在这种情况下，互联网医疗平台提供的远程复诊、线上开方、找药等服务几乎成了许多人的“刚需”。

突发疫情“带火”了互联网医疗，行业发展面临新一轮契机，包括医保支付在内的利好政策密集出台，互联网医疗价值进一步凸显。阿里健康、京东健康等平台纷纷加大资源投入和业务布局，行业竞争更为激烈。作为一个与人们健康和生命安全密切相关的行业，互联网医疗能否就此迎来拐点而实现起飞，尚有待时间给出答案，毕竟就目前看，行业发展还面临不少痛点。

一、暴增的需求与流量

突发疫情让蓄力已久的互联网医疗平台“大显身手”，在很大程度上发挥了疫情防控“第二战场”的作用。线上诊疗咨询需求大幅上涨的同时，短期内平台流量也出现暴增。

互联网医疗通过其不受场景和地域限制的优势，在抗疫过程中的疫情知识科普与咨询、缓解公众焦虑情绪、满足慢病患者的持续性医疗服务等多个方面，发挥了重要作用。疫情发生以来，平安好医生、微医集团、好大夫、丁香医生、阿里健康、京东健康等“互联网+医疗”平台纷纷推出问诊咨询、义诊、线上购药等服务，通过合理调配医疗资源解决了部分患者就医需求，网络问诊成为疫情期间患者获取医疗服务的重要途径。天风证券研究报告显示，2020 年春节期间，在线问诊类应用（App）日活最高达到 671.2 万人，比 2019 年增长了约 160 万人，涨幅达 30%。

通过网络平台及时开展疫情相关知识科普与咨询，无疑是缓解公众焦虑，提高全面自我防护意识和能力的重要途径。丁香园平台临时组建了两大应急项目组，分别负责科普辟谣和汇总实时疫情，疫情期间其在线问诊用户环比增幅为 215.32%，问诊量环比增幅达 134.91%。1 月 21—25 日，阿里健康内部各业务团队联动，先后上线新冠肺炎预防指导页面、疫情实时地图和辟谣，以及新冠肺炎系列科普宣传内容。2 月 14 日，阿里健康在支付宝上线“密接查询”功能，用户可以通过这个功能查询是否与确诊或疑似病例人员乘坐过同一交通工具等信息，便于及时采取针对性措施。针对每家医院疫情期间就诊的不同规定，阿里健康还在支付宝上线“外出就医指南”，汇集14座主要城市300多家医院的“疫情期间就诊须知”，极大地方便了患者查看医院科室是否需要预约挂号及其他就诊注意事项，实现最多跑一次的目标，减少出门感染的风险。

公开资料显示，疫情暴发以来，互联网在线问诊服务需求暴增，截至2月3日12时，微医平台上聚集了全国21万名公立医院的医生提供在线问诊服务，问诊量增长超过10倍，在线问诊量每天约20万人次，日义诊接诊量峰值达到12万人次。春雨医生平台上有关呼吸内科的问题量增长近6倍，全平台问题量相比2019年平均日问诊量接近翻番。微脉平台在30多个城市上线新冠肺炎“线上免费义诊平台”，近2万名本地公立医院专家入驻，实时在线医生达5000名，义诊服务用户超过78万人次，累计访问量突破4500万人次。

阿里健康在支付宝App、淘宝App相继上线互联网医生免费问诊服务，缓解前线门诊压力。上线不到4天，就有超千名医生通过阿里健康“在线问诊”向湖北省居民提供服务，义诊页面的访问用户数超过160万人次。阿里还针对海外侨胞开通了在线医疗咨询专区，已有上百个中国驻外使领馆推荐使用该服务。截至2月10日20点，其在线问医页面累计访问用户1116万人次，累计在线问诊量超过104万人次。京东健康1月26日宣布启动在线义诊，向用户提供免费在线问诊和心理疏导服务，目前共有超过2000名医生参与义诊，24小时不间断轮岗。

针对面临新冠肺炎患者集中、医疗卫生资源紧张、一线医护人员工作强度大等突出问题的城市，国务院应对新冠肺炎疫情联防联控机制综合组印发通知，开展线上服务进一步加强疫情防控工作，并将组织统筹工作对应到不同的医疗机构、公共卫生机构、行业学会协会，涵盖远程医疗服务、人工智能服务、中医诊疗服务、心理援助服务、网上诊疗服务、对口支援服务。

疫情期间，由于医院医疗资源紧张，感染风险高，对于那些需要持续性康复治疗的慢病患者而言，互联网医疗更是成了他们的“救星”。由于一些定点医院关闭了日常科室，各类慢病患者面临短暂的断药危机。全国范围内有大约 3 亿名慢病患者，需要周期性的诊疗与康复，都可能因为疫情而暂时无法获得医疗服务，而且由于物流大幅受限，药物供给也是个大问题。

阿里健康资深副总裁、医药事业部负责人汪强在接受媒体采访时透露，多地疫情防控措施升级，慢病患者配药难问题出现，后台开始收到大量留言和求助信息。2 月第一周，阿里先后在淘宝和支付宝上线了“买药不出门”平台，通过“线上问诊开方+药品配送到家”的互联网就医方式，让慢病患者在家即可安心买到所需要的药品。该服务上线不到三天，页面累计访问用户就接近 300 万人次。2 月 13 日，阿里健康又联合近 50 家国内外药企，在天猫“买药不出门”平台上推出“慢病福利计划”，以保障疫情期间慢病药品的在线供给，同时为不方便出门配药的慢病患者提供线上的慢病管理服务。在这个过程中，阿里健康联合了上游慢病药企、干线医药物流公司及合作的 O2O 药房商家等多个利益相关方。同时，阿里健康还紧急上线一些专区，调动平台及商家资源，并发布倡议书恳请更多社会力量加入计划，帮助即将断药的慢病患者和家属寻找紧缺药品资源。京东健康在 2 月 10 日启动了“慢病关爱计划”，旨在解决疫情下慢病患者购买处方药的难题，保障全国各地区慢病处方药供应和配送。

二、密集的利好政策

医疗事业发展事关每个人的健康和生命安全，行业规范和政策对这个领域的发展影响很大，互联网医疗作为一种新业态，其创新发展过程自然也不例外。纵观我国互联网医疗的发展历程，既出现过各领域“互联网+”迅速发展、受到资本热捧，也经历过遇冷、资本寒冬潮。

2018 年 4 月，国务院发布《关于促进“互联网+医疗健康”发展的意见》，其中明确了互联网医疗的两种模式：医院自建互联网医院和第三方互联网医院平台。医院自建互联网医院以医疗机构为提供主体，医疗机构利用互联网信息技术来拓展服务时间和空间，并且把互联网医院作为医疗机构的第二名称，根据互联网医院要提供服务的原则，此类互联网医院诊疗科目要与批准的实体医疗机构相关诊疗科目一致。第三方互联网医院平台是互联网公司和企业申办的互联网医院，利用优质专家的资源和互联平台，为患者提供服务。上述意见发布后，各地推出细则推动互联网医疗落地，互联网医疗进入了稳定发展的阶段。

实践层面看，我国互联网医疗发展的早期阶段主要是由第三方平台主导的，2015 年前后这种模式出现快速发展。2015 年年底微医主导成立了乌镇互联网医院，在一定程度上实现了从咨询服务向在线诊疗、开具电子处方的突破。2016—2017 年，微医、平安好医生、好大夫、阿里健康等平台陆续在各地建设了许多互联网医院。

2018 年 9 月，国家卫生健康委员会出台了《互联网诊疗管理办法（试行）》等三份管理办法，并多次发文推动依托于线下实体医疗机构开展的互联网医疗服务，进一步明确互联网诊疗的法律责任主体，医院自建互联网医院的发展模式开始提速。

2019年8月，国家医疗保障局出台《关于完善“互联网+”医疗服务价格和医保支付政策的指导意见》，支持“互联网+”医疗服务有序发展，首次提出符合条件的“互联网+”医疗服务可纳入医保报销范围。随后11月，全国医保电子凭证正式推出。

此次疫情期间相关部门接连出台的政策，更是有望成为我国互联网医疗加速发展的催化剂，尤其是互联网医疗平台医保支付问题的解决使我国互联网医疗又向前迈出了一大步。

2月3日，国家卫生健康委办公厅《关于加强信息化支撑新型冠状病毒感染的肺炎疫情防控工作的通知》提出，积极组织各级医疗机构借助“互联网+”开展针对新冠肺炎的网上义务咨询、居家医学观察指导等服务。

2月6日，国家卫生健康委员会发布《关于在疫情防控中做好互联网诊疗咨询服务工作的通知》，鼓励大力开展互联网诊疗服务。

2月27日，国家卫生健康委员会下发了《关于进一步落实科学防治精准施策分区分级要求做好疫情期间医疗服务管理工作的通知》，要求各地卫生健康委员会依据各地划分的低、中、高风险地区，进一步做好疫情期间医疗服务管理，加速线下机构复诊开放进度。

3月2日，国家医保局、国家卫生健康委员会联合印发《关于推进新冠肺炎疫情防控期间开展“互联网+”医保服务的指导意见》，明确常见病、慢病患者在互联网医疗机构复诊可依规进行医保报销。互联网医疗机构为参保人在线开具电子处方，线下采取多种方式灵活配药，参保人可享受医保支付待遇。医保部门加强与互联网医疗机构等的协作，诊疗费和药费医保负担部分在线直接结算，参保人如同在实体医院刷卡购药一样，仅需负担自付部分。线上处方购药纳入医保报销，将利好医药向O2O及处方共享平台模式的发展。线上购药处方纳入医保，有利于打通“线上挂号—线上问诊—线上购药—线上医保支付—药品快递配送/自取”的互联网医疗服务闭环，提升互联网医疗服务体验。

3月5日，中共中央、国务院发布了《深化医疗保障制度改革的意见》，着力解决医疗保障制度发展不平衡不充分的问题，支持“互联网+医疗”等新服务模式发展等。这也意味着，互联网医疗纳入医保有望成为常态化。

北京、上海、浙江、江苏、山东、福建、宁夏、广州、成都等多个地方相关部门，都开始将在线诊疗试行纳入医保。福建省在省级机关互联网医院开展试点医保电子凭证、医保在线结算服务，让群众足不出户就能享受到医保可报销的在线诊疗服务。山西省提出，具备资质和条件的定点药店可根据医疗机构处方信息“点对点”为患者上门配送药品。上海、浙江、江苏、武汉等地已将常见病、慢病的线上复诊及线上购药纳入医保，积极推进互联网诊疗、长处方、网订店送等模式。

3月中旬，国家医保信息平台统一签发的医保电子凭证已经实现全国覆盖，全国参保人均可上支付宝、微信等领取医保码，这意味着，未来看病、买药无须再带卡，手机刷码就可以进行医保支付了。国家医疗保障局介绍，医保电子凭证是基于医保基础信息库为全体参保人员生成的医保身份识别电子介质，通过实名、实人认证技术，采用加密算法，动态二维码展示，具备安全可靠、认证唯一等重要特点。

近年我国出台的主要互联网医疗相关政策如表 4-1 所示。

表 4-1 近年我国出台的主要互联网医疗相关政策

时　间	政　策	发布机构
2020 年 3 月	《关于深化医疗保障制度改革的意见》	中共中央、国务院
2020 年 3 月	《关于推进新冠肺炎疫情防控期间开展“互联网+”医保服务的指导意见》	国家医保局、国家卫生健康委
2020 年 2 月	《关于加强信息化支撑新型冠状病毒感染的肺炎疫情防控工作的通知》	国家卫生健康委
2020 年 2 月	《关于在疫情防控中做好互联网诊疗咨询服务工作的通知》	国家卫生健康委
2020 年 2 月	《关于进一步落实科学防治精准施策分区分级要求做好疫情期间医疗服务管理工作的通知》	国家卫生健康委
2020 年 1 月	《药品网络销售监督管理办法（征求意见稿）》	国家市场监督管理总局
2020 年 2 月	《关于开展“互联网+”护理服务试点工作的通知》	国家卫生健康委
2019 年 8 月	《关于完善“互联网+”医疗服务价格和医保支付政策的指导意见》	国家医疗保障局
2018 年 4 月	《关于促进“互联网+医疗健康”发展的意见》	国务院办公厅
2018 年 7 月	《关于深入开展“互联网+医疗健康”便民惠民活动的通知》	国家卫生健康委、国家中医药管理局
2018 年 9 月	《互联网诊疗管理办法（试行）》《互联网医院管理办法（试行）》《远程医疗服务管理规范（试行）》	国家卫生健康委、国家中医药管理局
2018 年 10 月	《关于印发公立医院开展网络支付业务指导意见的通知》	国家卫生健康委

三、行业起飞还有多远

客观上说，疫情的发生凸显了互联网医疗在提供医疗健康服务方面的独到之处，让广大用户体验到了技术应用和模式创新带来的新型医疗服务。有种观点认为，特殊时期的医疗需求让互联网医疗获得前所未有的市场接受度，在政策、市场及疫情的催化下，2020 年互联网医疗将迎来真正的爆发元年，行业未来将进入规范化发展的高速增长期，但部分行业人士保持谨慎乐观态度。

京东健康 CEO 辛利军在接受媒体采访时提到，疫情让行业里的人看到了机会，但对大部分做互联网医疗的公司来说，最要紧的是打造从问诊到购药到履约全流程，覆盖诊前、诊中、诊后全场景的整体闭环能力，否则用户信任和使用习惯就很难建立起来。

丁香园创始人李天天也曾公开表示："疫情帮助企业完成了一次很好的用户教育，但这并不意味着行业的拐点已经到来。"同时他还提到，丁香园现有医生用户存量为 200 多万人，但实际参与在线问诊的医生数量仅有 1.5 万多人，比例不到 1%。

我国的互联网医疗发展至今，已经逐渐从试水探索期过渡到规范发展期；不断推出的政策创新给行业带来了更大的机遇，但疫情过后市场的发展还有待观察。一个重要原因是，疫情期间，互联网医疗企业基本上都是提供义诊服务，这段时间产生的新需求和问诊量在未来是否可以持续，是每一个互联网医疗企业都需思考和探索的课题。

疫情过后，势必会有大量医生和患者重新回归线下医疗，是否能通过提升产品和服务质量来提高留存率和转化率，是每个互联网医疗平台要面对的另一次“大考”。至少在目前看，互联网医疗行业发展还存在三大“痛点”：平台盈利困难、治疗效果难以保证和依然存在的制度瓶颈。

阿里健康2019年中期业绩报告显示，2019年3月30日—9月30日，公司实现营业收入41.17亿元，同比增长119.1%；净利润亏损762.9万元，同比收窄91.5%。其中，销售及市场推广开支3.3亿元，同比增长52.85%，销售费用增速高于毛利润增速。

在平安好医生的最新财报里，2019年净亏损为7.47亿元，较2018年的净亏损9.13亿元减亏18.2%，净亏损率为14.7%，较2018年下降12.7个百分点。虽然2019年全年总收入同比增长51.8%、亏损额度收窄，但在近5年的财报里，平安好医生尚未实现过盈利。

从治疗效果看，线上诊疗受技术限制，在没有检查及真实接触的情况下，很难对诊疗效果进行保证，这也是大部分用户对互联网医疗付费意愿不高的重要原因。过去几年，一些互联网平台探索通过与实体医院合作、建立线下实体医院等不同形式，来提高诊疗效果和获取用户信任。如2017年3月，好大夫在线、微医、丁香园等17家互联网医疗企业在银川获得了当地政府颁发的互联网医院牌照，可以说这也是互联网医疗平台在当前制度环境下的探索和尝试。

从政策层面看，互联网医疗虽然正在获得医保政策的支持，但支付端仍存在一些亟待破解的问题。如丁香园方面相关负责人在接受第一财经记者采访时表示，在医疗侧，囿于医保额度与线下医疗机构的捆绑，第三方互联网医疗平台该如何获得医保额度，有待解决。与此同时，在药品侧，第三方互联网医疗平台也存在需要与线下定点药店分享医保额度的冲突情况。“且医保是属地化管理的，各省、市、自治区医保具有区域化特点，且资金池、报销规则等情况并不一致，第三方互联网医疗平台进行接入，还有待时日，还需要政策给予支持。”而且，当前国内各个地区医保政策、服务价格及报销目录不同，患者异地结算、异地报销的差异性依然很大，互联网医院医保报销政策的落地，还需要全国医保政策一体化的支持，从而确保医疗标准、医疗监管的全面一致。

无论如何，随着发展形势向好，互联网医疗领域入局者越来越多，巨头平台之间的竞争愈发激烈。作为阿里集团旗下大健康领域平台，阿里健康开展的业务主要集中在医药电商及新零售、互联网医疗、消费医疗、智慧医疗等领域。根据其2019年度中期业绩报告，2019年3月30日—9月30日，阿里健康在医药电商平台方面，包括保健食品、医疗器械电商平台，以及医药O2O业务在内，实现收入5.40亿元，同比增长139.8%；消费医疗方面，阿里健康与线上平台、自营店与医美、体检、疫苗、口腔等医疗健康服务机构合作，报告期内收入达1.11亿元，同比增长274.4%；此外，阿里健康在互联网医疗和智慧医疗领域，来自线上健康咨询等创新服务的收入也同比增长202.7%。

京东健康与阿里健康在成交总额和用户数方面仍有一定的差距，但近两年来其发展的脚步有所加速。3月13日，一款集预约挂号、医生咨询、线上购药、健康科普、预约体检、健康管理等功能的健康产品“京东健康”App在苹果应用商店上线，其安卓版上线于2月22日。这款App简介里提到，京东健康在线问诊平台已取得“医疗机构执业许可证”，平台上的医生来自全国32个省级行政区，其中62%来自三甲医院，80%是主治级别以上。健康服务频道内，用户可以选择体检预约、医美线上购线下使用等服务；商城频道内，用户可以像平常网购一样，在商城内购买药品、医疗器械、保健食品、体检服务等，同时还可以选择“医保购药”。七麦数据显示，“京东健康”App目前在App Store中的医疗类免费榜中居于前 20 名内。

腾讯早在 2014 年就上线了“微信智慧医院”，逐步围绕医疗科技、移动医疗和线下医疗进行投资，形成了从数据入口到医疗大数据集成再到技术解决方案的产业链条。目前，腾讯除了对微医、好大夫在线、新氧、妙手医生、医联 Medlinker 等团队的投资，还先后推出了糖大夫、微保、腾讯医典、腾讯觅影等产品。

百度健康“问医生”接入了平安好医生、好大夫在线、微医、春雨医生、妙手医生等行业内优质在线咨询服务方，同时引进了世纪坛医院、天坛医院、首都医科大学、北京医学会等医院、机构的专家入驻，未来用户还可以通过小程序的形式打通问诊环节的后续服务，包括医药电商、线下转诊或其他第三方服务，逐步形成诊前、诊中、诊后的全场景闭环。

以后或许会有更多的大型科技平台加入互联网医疗的赛道。

此外，医保政策的支持会加速线下医疗机构尤其是公立医院线上化转型步伐，传统线下医疗机构会寻求多种形式发展。对传统医疗机构的线上化转型而言，医院信息基础设施的水平、线上运维能力、新技术应用等，也是不小的挑战，尤其是基层公立医疗机构，当下可以说是加速信息化建设的好时机。毕竟，互联网医院建设和运用大数据、人工智能等先进技术加快医院现代化管理建设水平已是大势所趋。

疫情结束后，如何做到对用户的留存及变现手段的开拓，将成为平台企业之间竞争的焦点。从长远来看，众多的玩家和激烈的竞争，无疑有利于行业的整体发展，有利于消费者。各大平台企业要在竞争中脱颖而出，必然要在创新产品、提升服务质量等方面持续努力。

面向未来，随着生活水平的提升，人们对医疗服务的质量要求也不断提高。互联网医疗的发展，或许将不再仅仅是在线预约挂号、医疗咨询、远程问诊，而且可能逐步形成“线上+线下”“诊疗+健康”“药品+

健康品”的多样化、内容丰富的服务链条，从而呈现出行业多元化、融合化的发展趋势。在面向公众提供全方位的健康与医疗服务方面，显然互联网医疗在提高服务产品质量、供给和效率等多方面都有其独特优势，只是要实现“效率”与“效果”的兼顾和最大化，互联网医疗还有很长的路要走。

CHAPTER 05

产业互联网

应急保障

“云复工”

转型加速度

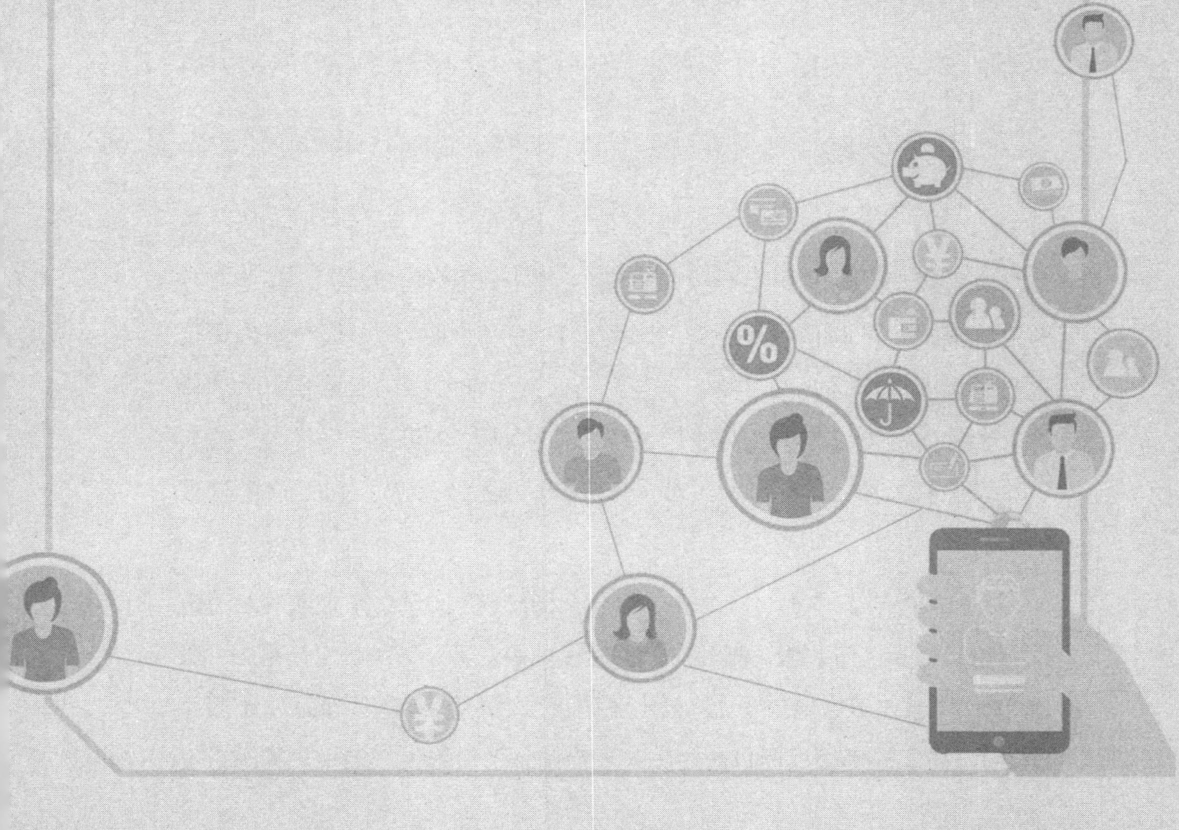

突发疫情之下，临时医院的搭建、医疗防护物资的生产使得制造业同样处于大考之中。物资调配紧张、供需难以及时有效对接、工人复工难等问题，让制造业产能恢复面临着诸多挑战。大“危”之中潜藏大“机”，工业互联网平台在抗疫过程中，充分发挥其连接工业经济全要素、全产业链、全价值链的平台优势，在非常时期的应急响应中，有效支撑了政府和企业在供需对接、资源配置、应用快速开发部署等多个方面的需求。产业互联网在此次抗疫大战中大显身手的同时，行业发展也按下了加速键。

一、应急保障

突发疫情是对我国社会应急管理能力的一次严峻挑战，尤其是应急医疗物资的生产和调配能力备受考验。工业互联网是新一代网络信息技术与制造业深度融合的产物，通过全面连接工业经济的全要素、全产业链、全价值链，快速精准对接供需信息，从而大幅提高紧急状况下的关键物资配置效率，提升国家面对重大疫情及其他突发状况时的应急处理能力。

从 2020 年 1 月 1 日—2 月 7 日，全国有超过 3000 家企业的经营范围新增了口罩、防护服、测温仪、医疗机械等业务。其中，包括格力、美的、海尔、康佳等家电公司，甚至比亚迪、上汽五菱等汽车厂商，富士康、OPPO、vivo 等手机厂商也纷纷“跨界”投入了口罩生产当中。据国家发改委消息，截至 2 月 29 日，包括普通口罩、医用口罩、医用 N95 口罩在内，全国口罩日产能达到 1.1 亿只，日产量达到 1.16 亿只，分别是 2 月 1 日的 5.2 倍、12 倍，进一步缓解了口罩供需矛盾。在这个过程中，工业互联网平台发挥了重要作用。

1 月 29 日，海尔卡奥斯工业互联网平台 COSMOPlat 接到青岛市工信局的紧急求助，要将青岛百胜医疗卫生用品有限公司当日生产的 1200 只口罩紧急发往山东省工信厅，由省工信厅统一将山东省口罩、护目镜等物资发往武汉。

1 月 30 日，海尔卡奥斯工业互联网平台 COSMOPlat 上线新型冠状病毒感染的肺炎疫情医疗物资信息共享资源汇聚平台。该平台可实现防治疫情物资的供需信息及时、准确零距离互联互通，来实现疫区需求和生产企业物资更高精度更高效率的匹配，同时也为政府物资调配提供数据支持，有力支撑了疫区物资保障。

海尔卡奥斯工业互联网平台 COSMOPlat 上线初期，联合生态资源方汇聚 935 条需求信息，连接 608 家医院、221 家企业、37 个政府和社区等各类机构，发布了超过 20 万件口罩、防护服等物资需求。截至 2 月 6 日，海尔卡奥斯工业互联网平台 COSMOPlat 已经连接了医院 780 家，社区、企业等 500 多家，发布口罩等医护物资需求 2400 万件。从“全球采购”到“全球赋能”，海尔卡奥斯工业互联网平台 COSMOPlat 率先实现了抗“疫”资源的精准对接，平台访问量超过 80 000 人次，吸引了来自政府部门、各地医院、医疗企业、物流企业等多方资源对接供需信息。

2 月 7 日，海尔卡奥斯工业互联网平台 COSMOPlat 赋能的山西省首条全自动医用口罩生产线已经落地试产，日产标准一次性医用口罩达 10 万只。平台利用企业智能制造关键性技术和数字供应链系统，48 小时就完成了核心生产线设备和全流程生产资源的调配，整个项目 6 天时间就落地投产。海尔的口罩生产模式也计划在其他地区复制和落地。

3 月 1 日，山东卫视《山东新闻联播》报道了淄博服装企业海思堡集团通过海尔卡奥斯工业互联网平台 COSMOPlat 复工增产服务平台，仅用 3 天成功转产防护服，产能达每日 2 万件。节目中，海尔卡奥斯工业互联网平台 COSMOPlat COO 严鹏飞介绍，平台帮助企业进一步落地口罩生产线，产能达每天 20 万只，截至目前，平台已经发布，并且承接需求 5000 多万件。

海思堡集团原是一家以牛仔加工为主营业务的企业，疫情期间计划紧急转产，柔性生产防护服、口罩等防疫物资，但一时找不到上游的生产设备和原材料。海尔卡奥斯工业互联网平台 COSMOPlat 收到企业这一需求后，依托智能制造等关键共性技术及数字供应链操作系统，其纺织服装行业生态品牌海织云高效精准地完成了核心生产线、设备、原材料等生产资源的调配，为海思堡集团提供了防护服、口罩生产的全流程解决方案，成功帮助其实现生产线落地，从提出方案到落地投产仅用 3 天。

海尔卡奥斯工业互联网平台 COSMOPlat 是海尔集团基于家电制造业的多年实践经验推出的，旨在搭建以用户为中心的大规模定制化生产模式，实现需求实时响应、全程可视和资源无缝对接。这是海尔集团在新旧动能转换的大背景下抢抓物联网先机、积极推动企业向共创共赢的物联网生态企业转型发展的重大举措。COSMOPlat 推出后，先后被国际标准化组织（ISO）、美国电气及电子工程师学会（IEEE）和国际电工委员会（IEC）三大国际标准机构指定来主导制定大规模定制国际标准，使得中国模式从美、德等工业大国中脱颖而出，与德国工业 4.0 同台竞争。如今，海尔卡奥斯工业互联网平台 COSMOPlat 不但赋能 15 个行业物联生态，在全国建立了 7 大中心，覆盖全国 12 大区域，还在 20 个国家复制推广。

抗疫过程中，海尔卡奥斯工业互联网平台 COSMOPlat 不仅整合了大量口罩、防护服等医疗资源，还能够迅速响应抗疫一线对生活物资的需求。

乐家诚品偷牛山生态基地通过资源汇聚平台得知一些定点医院对新鲜果蔬需求较大，主动捐赠 1.2 万斤生态有机粑粑柑，但遇到了物流配送不畅和定点医院联系困难的问题。针对这个问题，海尔卡奥斯工业互联网平台 COSMOPlat 上的农业小微迅速提供了解决方案，一方面整合了物流资源，解决了运力问题；另一方面通过校友会联系到 10 家定点医院接收捐赠物资，并解决了车辆通行证问题。2 月 4 日，1.2 万斤粑粑柑顺利送达 10 家医院。

依托于全球平台和开放生态的优势，海尔卡奥斯工业互联网平台 COSMOPlat 采购资源涉及了德国、英国、俄罗斯、芬兰及东南亚的日韩和泰国、越南、马来西亚等全球十余个国家。这里面包括俄罗斯、韩国等月产能千万级以上的供应商数十家，囊括了医院当下最紧俏的防护服、医用手套、护目镜及医用级口罩等多个类目和产品。

工业互联网使供应链上相关企业数据互通，实现信息高水平共享，助力企业对物流、资金流和信息流统一管理。中小企业能够及时获取市场信息，并根据下游企业需求、上游企业供给的变化制定生产经营策略，进行精准预测与整体优化，并据此采购生产资料、组织生产，提升资金利用率，实现对供应链的精益管理。

阿里巴巴开通了“防疫直采全球寻源平台”，呼吁全球中小企业加入抗击新型冠状病毒感染的肺炎疫情的行列。通过该平台，全球商贸及生产企业上传的医疗物资供应信息将与平台发布的需求信息进行匹配，最大限度寻找货源、扩大产能，再由阿里巴巴直接采购，将医用口罩等紧缺防疫用品，定点送往疫情防控一线。

徐工信息的汉云工业互联网平台紧急响应疫情防控需求，第一时间调配在线设备驰援火神山医院筹建。武汉火神山医院建设过程中，通过汉云平台监测施工设备百余台，是名副其实的“云监工”。另外，汉云平台调配在线设备驰援河南、北京、西安、珠海等地，助力各地建设“小汤山”医院。同时，徐工信息基于汉云平台快速部署、定制化研发工业企业疫情防控信息管理平台。截至2月12日，已有700余家企业通过汉云工业企业疫情防控信息管理平台在线提报申请。

企业云服务商用友也紧急上线了防疫物资紧急采购需求发布平台，为医护用户供应商和医疗机构之间建立供应服务平台，以科技手段解决疫区医护用品的供应和管理问题。

二、“云复工”

经济社会是一个动态循环系统，不能长时间停摆。在确保疫情防控到位的前提下，有序推动复工复产，恢复生产生活秩序，关系到为疫情防控提供有力物质保障，关系到民生保障和社会稳定，关系到实现全年经济社会发展目标任务，乃至全面建成小康社会和完成“十三五”规划。统筹好疫情防控和复工复产，也是很大的挑战。

2月18日，工业和信息化部下发的《工业和信息化部办公厅关于运用新一代信息技术支撑服务疫情防控和复工复产工作的通知》中，明确提到，要运用新一代信息技术加快企业复工复产，推动制造企业与信息技术企业合作，深化工业互联网、工业软件（工业App）、人工智能、增强现实/虚拟现实等新技术应用，推广协同研发、无人生产、远程运营、在线服务等新模式新业态，加快恢复制造业产能。发挥大型平台企业和行业龙头企业的作用，通过工业互联网平台保障供应链的完整，做好生产协同和风险预警。对于可能停产断供的关键环节，提前组织柔性转产和产能共享，以信息化手段管控好供应链安全。

各地相关部门快速响应，充分发挥企业主体、政府服务的协同合力，推出了一批创新的工业 App，助力企业复工复产。浙江宁波在两周时间内，研发、上线了 80 余个新产品新系统，涵盖了生产制造、经营管理、办公管理等诸多领域，为复工复产加油提速。广东组织开发了“一批战疫云产品”，试点“一批产业集群”，推出“一批加码政策”。北京通过财政资金支持等方式鼓励企业利用工业互联网进行疫情防控和复工复产，如利用“服务券”为中小企业购买工业互联网服务进行奖补，鼓励供应商减免费用。苏州推出了“复工通”平台，耗时 72 小时即上线，包括苏“惠”十条、企业复工政策咨询、复工企业返苏人员运输需求对接、来苏人员预约、人力资源调剂服务 5 部分功能，为企业复工复产和员工返苏返岗提供线上解决方案。“复工通”平台直接对接苏州参保人员数据库、人口数据库，可自动比对复工企业返苏员工名单与社保在职人员库，审核通过后自动向名单内员工发送短信，告知登录“复工通”平台做好个人信息登记，从而实现精准防控。借助“复工通”平台，作为广大民众日常出行重要凭证的“苏城码”获得快速推广应用，推出以来累计访问量达 5.22 亿次。截至 3 月初，已有超过 1000 万人申领“苏城码”。重庆南岸区政府与阿里巴巴等企业合作，联动搭建企业复工复产平台。通过平台，政府根据企业填报的信息，第一时间全面掌握企业数据，有序高效把控复工复产进度。企业可组织本企业员工登录平台并填报健康信息，并以此为依据制订本企业复工复产计划。上海奉贤在防疫过程中专门打造了“线上直通车、驻企店小二”服务平台，“店小二”通过与企业结对，做到不留盲区、消除断层，形成企业服务、管理、监督的闭环。

严峻的防疫形势使得企业对于远程办公的需求剧增，并加速了企业服务市场的创新发展。阿里旗下的钉钉、腾讯旗下的腾讯会议、字节跳动旗下的飞书、华为旗下的 Welink 等均迅速涌入远程办公领域，而以石墨文档、印象笔记、金数据等为代表的中小平台也围绕疫情期间的办公需求纷纷上线了在线协同应用。国民就这样在被动中迎来远程协同办公时代。一个直接后果便是：大量远程办公平台都被短时间内涌入的巨大流量冲击，服务出现不稳定。许多远程办公的员工发现视频会议进不去、聊天闪崩、本该显示“已读”的消息都显示“未读”等，各种问题频出。钉钉不得不迅速做出扩容超 1 万台服务器的调整，企业微信也紧急进行了几十倍到几百倍的扩容。

在线办公市场会不会就此快速爆发？第一财经联合钉钉发布的数据显示，我国在线办公市场规模近年来保持稳步增长。2012 年市场规模为 53.7 亿元，2017 年达到 194.4 亿元，2020 年受疫情影响导致需求爆发，市场规模有望突破 500 亿元。

目前大量新增用户都是在非常时期被动进入在线办公，疫情过后还会有多少用户留下来？而且目前很多远程办公系统都是免费开放使用，尚未找到有效的盈利模式。从组织管理的角度看，线上办公与线下相比，在沟通、效率等方面都存在大量不确定性，尽管它在非常时期短时间内可以满足人们不出门就完成工作的需要，但要从根本上扭转大多数企业或机构长期以来形成的组织管理和沟通习惯，还有很长的一段路要走。而对于那些无法全部在线化、远程完成的任务，如何在线下复工的同时，既保证防疫工作不放松，又能最大限度提高复工效率，则是另一种挑战。

“健康码”在推动疫情防控和有序复产复工过程中发挥了重要作用。2 月 11 日，支付宝联合杭州市政府率先推出健康码，对市民和拟进入杭州人员实施“绿码、红码、黄码”三色动态管理。2 月 15 日，国家政务办联合支付宝宣布将推出“全国版”健康码，可实现一码通行全国。在复工复产的过程中，健康码成为出入社区和办公楼的“有效证件”。只需填报一次个人健康状况，即可利用健康码进出不同地点，无须反复填报信息，防控部门也能借此快速掌握疫情大数据。

健康码是个人出入通行的电子凭证，是运用大数据加强新冠肺炎疫情联防联控的产物。健康码是通过个人在线填写姓名、健康信息、14 天内是否接触过新冠肺炎确诊患者或疑似患者、出行行程等信息，根据“数据可用不可见”的原则，结合系统后台大数据的输出结果，生成的属于个人的二维码。显示“绿码”者可自由通行；显示“红码”者，要实施 14 天的集中或居家隔离，在连续申报健康打卡 14 天正常后，将转为“绿码”；显示“黄码”者，要进行 7 天以内的集中或居家隔离。健康码的颜色取决于多种因素，如曾同确诊或疑似新冠肺炎病例共乘一趟列车或飞机、来自重点疫区、身体不适等。“红码”“黄码”因不符合疫情管控的通行条件暂时不能正常通行，在根据要求居家隔离且连续申报健康打卡满足健康条件后转换为“绿码”方能正常出行。

到 3 月下旬，全国已有 20 余个省（区、市）推出地方版健康码，对本地区人员防疫健康状况进行分级分类管理，供社区、企业、交通卡口等疫情管控人员验码使用。由于各地健康码规则不统一，往往都是各省“自成一体”，不能跨省市使用，无法做到“一码行天下”。虽然已有不少省份互相建立了互认机制，但仍不能实现全国互通互认。

为解决这一问题，国务院办公厅又会同有关方面快速推动各省（区、市）全面建立了健康码信息跨省互认机制，升级了全国一体化政务服务平台“防疫健康信息码”，及时完成各省（区、市）健康码技术对接和数据共享。各地可通过后端数据共享、全国一体化平台“防疫健康信息码”和本地健康码互认、直接使用全国一体化平台“防疫健康信息码”三种方式，实现跨地区互通互认功能及健康信息一站式查询，支撑“一码通行”实际应用。

工业互联网平台还为企业复工复产过程中的科学决策提供着重要的数据支撑。中国工业互联网研究院在各工业互联网平台企业支持下，截至2月24日共汇集25家工业互联网平台，每日上报已注册中小企业数据量超过1000万家，有力支撑了中小企业复工复产数据统计和分析工作。中国工业互联网研究院通过实时获取平台上中小企业设备运行情况、网络化协作情况、微服务组件调用情况等数据，解决了中小企业数量众多、分布广泛，运用传统调查方式数据收集难度大、数据分析耗时长、统计结果不准确不实时的难题，有力支撑了中小企业复工复产数据统计和分析工作，为抗击疫情提供了强力支持和有力保障。北京、重庆、上海等地工业互联网平台均推出服务产品清单，工业互联网产业联盟等单位汇聚生产制造、研发设计、经营管理、运维服务等200多款平台应用，采取免费开放、特价优惠等形式支援企业。

为及时向政府部门及企业提供科学化、精准化大数据分析，有序推进复工复产，海尔卡奥斯工业互联网平台COSMOPlat还推出了全国中小企业复工复产监测大数据平台。该平台可以对全国31个区域18个行业38 000多家中小企业样本进行动态统计分析，通过“卡奥斯复工指数”这一指标，对监测到的中小企业样本进行大数据分析，得出复工复产情况。以3月6日数据为例，中小企业复工指数为37.32，复工率为61.75%，达产率为60.43%。在区域方面，上海、广西、广东、海南、浙江、山东、贵州、江苏等地的区域指数较高。在行业方面，软件信息、物流、生物医药、医用物资行业指数较高。

三、转型加速度

产业互联网的发展是产业数字化的重要基础，也是推动经济转型发展的重要动力。过去十多年，我国产业互联网发展进程相对缓慢，一方面，是因为传统产业细分行业众多、产业链条长、价值分配复杂，产业互联网的发展比消费互联网更为复杂，需要经历长期的探索和创新过程；另一方面，部分企业对产业互联网的理解不到位，仅仅将其看成一个简单的交易平台，未能充分意识到其对于企业资源和流程的整合、优化、配置，全面提升企业效率的重要意义，导致企业参与的内生动力不足。

构建产业互联网生态的难度远远大于消费互联网。以抗疫过程中亟须物资口罩的生产为例，一方面，原材料的供应涉及化工、防治等多个行业领域，各个细分部件的生产管理、质量控制、物料整合、物流配套、供需对接过程非常复杂；另一方面，这也恰恰是产业互联网的巨大潜能所在。尽管产业互联网在我国已有十余年的探索和发展，整个领域依然处于一片蓝海，尚有巨大潜力有待开发。

制造业领域，工业互联网被看成我国提质升级的重要方向，政策导向日益明朗。习近平总书记指出，要深入实施工业互联网创新发展战略。中央经济工作会提出加强工业互联网等新型基础设施建设。2019 年《政府工作报告》也明确要求打造工业互联网平台。2019 年 10 月工信部发布《关于加快培育共享制造新模式新业态促进制造业高质量发展的指导意见》，提出要以制造能力共享为重点，以创新能力、服务能力共享为支撑，形成制造业高质量发展和协同发展的新格局；并提出到 2022 年和 2025 年两个阶段的发展目标，同时针对我国共享制造现阶段的发展特点和主要问题，从平台、集群、生态和基础四个方面，提出了十二项重点任务。2019 年 11 月，国家发改委等十五部门联合下发《关于推动先进制造业与现代服务业深度融合发展的实施意见》，明确提出发展共享制造平台，鼓励资源富集企业面向社会开放产品开发、制造、物流配送等资源，提供研发设计、优化控制、设备管理、质量监控等服务，实现资源高效利用和价值共享。

工业互联网已开始向全行业领域渗透，逐渐向垂直细分行业发展，未来将衍生出万亿级市场。高工产业研究院的数据显示，2019 年我国工业互联网市场规模超过 6000 亿元，预计未来三年将保持年均 10%以上的增长速度。埃森哲则预测，到 2030 年，工业互联网将为我国带来 1.8 万亿美元的经济增长。

通过抗疫这一特殊历史时期的应用和实践可以看出，工业互联网平台绝不仅仅是简单的需求、供应信息的对接与发布，而是需要真正全流程打通产业链，包括生产端和物流等服务端的有效对接与赋能。尤其是口罩供应背后整个生产链的迅速搭建和快速响应，可以让更多的人更深刻地认识工业互联网平台的价值所在。

市场对工业互联网的认知度和投资意愿也在增强。清科研究中心统计显示，2020 年 1—2 月国内投融资事件数量较 2019 年同期下降 76.26%，披露投资总额较 2019 年同期下降 61.02%。与之形成鲜明对比的是，工业互联网行业投融资活动并未降温。据国家工信安全中心跟踪统计，2020 年 1—2 月，全国共完成工业互联网融资案例 13 起，较 2019 年同期仅下降 23.53%，易路软件、数之联、凌笛科技等企业先后完成超亿元规模的大额融资。

工业互联网发展即将走向快车道。与之相伴的，企业转型也将进入加速度。

服务业领域，对于受疫情冲击严重的线下门店来说，尽快实现在线化、数字化转型，在一定程度上成了许多企业危机中的自救之举。中国烹饪协会数据显示，相比 2019 年春节，疫情期间，87%的餐饮企业营收损失超过九成。美菜网因下游餐饮业闭店，经营面临巨大挑战。1 月底，美菜通过支付宝上线小程序，精准对接家庭消费者，仅一周就吸引了逾 80 城的 80 多万名用户。重庆品牌“乡村基”通过上线外卖服务，拉动业务增长 20%；餐饮企业眉州东坡在淘宝上直播卖货。 3 月 10 日，瑞典家居零售巨头宜家家居正式入驻天猫，这是宜家家居在全球开出的首个第三方平台的线上官方旗舰店。3 月 10 日上午 10 点，宜家开启了它的淘宝直播首秀，开播 10 分钟，观看人数达到 2.7 万人次，高峰时期在线观看人数超过 30 万人次。

金融服务业也通过数字化升级。疫情期间，银保监会发布《关于进一步做好疫情防控金融服务的通知》，提出各银行保险机构要积极推广线上业务，强化网络银行、手机银行、小程序等电子渠道服务管理和保障，提供安全便捷的线上金融服务。许多金融机构加快推出线上服务业务，优化“非接触式”服务。这在帮助用户享受到通过绿色通道足不出户即可完成贷款、线上办理投资理财、定期存款到期自动延期等服务的同时，也在为整个行业拓展新的发展空间。3 月 5 日，全国工商联会同多家行业协会，与网商银行及 100 多家银行等共同发起“无接触贷款助微计划”。平安银行推出“在家办”服务平台，通过口袋银行 App 线上办理投资、理财等多项金融服务。邮储银行积极引导客户通过线上渠道申请贷款，截至 2 月 9 日，邮储银行本年累计发放“极速贷”10 万笔、贷款金额 136 亿元。部分银行还利用区块链、人工智能等研发支持客户远程签约的电子签章，便利客户在家完成续贷合同签订。

实践层面看，尽管我国一直在引导和推动企业信息化建设，但很多制造企业，尤其是中小企业数字化研发设计工具普及率、关键工序数控化率严重偏低，网络基础设施薄弱。造成这一现象的原因是多方面的。3 月 23 日，在国务院联防联控机制新闻发布会上，国家发改委相关负责人在回答记者关于企业数字化转型提问时明确指出：当前不少企业转型中确实存在一些问题和挑战，特别是对广大中小微企业来讲，有的还面临“转型是找死、不转是等死”的困境。主要存在三个问题：一是转型能力不够、“不会转”，二是转型成本偏高、“不能转”，三是转型阵痛期比较长、“不敢转”。

正是为了切实解决企业尤其是中小微企业数字化转型过程中面临的问题，4 月 10 日，国家发改委、中央网信办印发《关于推进“上云用数赋智”行动培育新经济发展实施方案》，启动面向中小微企业数字化转型发展的“上云用数赋智”行动，从能力扶持、金融普惠、搭建生态等多方面帮助鼓励企业加快数字化转型，培育新经济发展。

具体而言，“上云”，是指探索推行普惠型的云服务支持政策；“用数”是在更深层次推进大数据的融合运用；“赋智”是要加大对企业智能化改造的支持力度，特别是要推进人工智能和实体经济的深度融合。

为了解决企业因能力不够而“不会转”的问题，将开展推进数字化转型伙伴行动，引导中小微企业提需求，鼓励提供转型服务的平台企业开发更多转型产品、服务、工具；支持在产业集群、园区等建立公共型数字化转型促进中心，支持企业面向上下游企业和行业内中小微企业提供数字化转型服务；支持构建数字化转型开源生态。

为了解决因为转型成本高而“不能转”的问题，将推行普惠性“上云用数赋智”服务。如对于获得国家专项资金补助的试点平台、服务机构、示范项目等，原则上应面向中小微企业提供至少一年期的减免费服务。探索“云量贷”，鼓励试验区联合金融机构，探索根据云服务使用量、智能化设备和数字化改造的投入，认定为可抵押资产和研发投入，对经营稳定、信誉良好的中小微企业提供低息或贴息贷款，鼓励探索税收减免和返还措施。鼓励产业链龙头企业联合金融机构建设产融合作平台，创新面向上下游企业的信用贷款、融资租赁、质押担保、“上云”保险等金融服务。

为了解决因转型阵痛期比较长而“不敢转”的问题，将鼓励传统企业与互联网平台企业、行业性平台企业、金融机构等开展联合创新，共享技术、通用性资产、数据、人才、市场、渠道、设施、中台等资源；加快构建“生产服务+商业模式+金融服务”跨界融合的数字化生态等。

疫情的突然来袭，让很多纯粹依靠线下经营的企业备受冲击，越来越多的企业认识到，单纯依靠线下运营，弹性不足，重大突发事件下的脆弱性尤其凸显，风险抵抗能力明显弱于线上线下密切结合的模式。与此同时，发展的生态化、业务的综合性在很大程度上也可以增强企业抵抗风险的能力。从这个角度看，疫情的发生又像是一针强有力的催化剂，推动着各行各业的数字化进程。未来，数字化转型或许不再是可有可无的选择题，而是数字经济时代每个企业都要认真解答的必答题。

下 篇

从本次疫情观察，数字政务的能力、作用与价值在整个抗疫周期中体现了“不可承受之轻”与“不可承受之重”，而这也恰恰成为社会治理思维创新与城市服务模式创新的动力。

CHAPTER 06

数字政务“轻”与“重”

数字政务“进行时”

数字治理“攻防战”

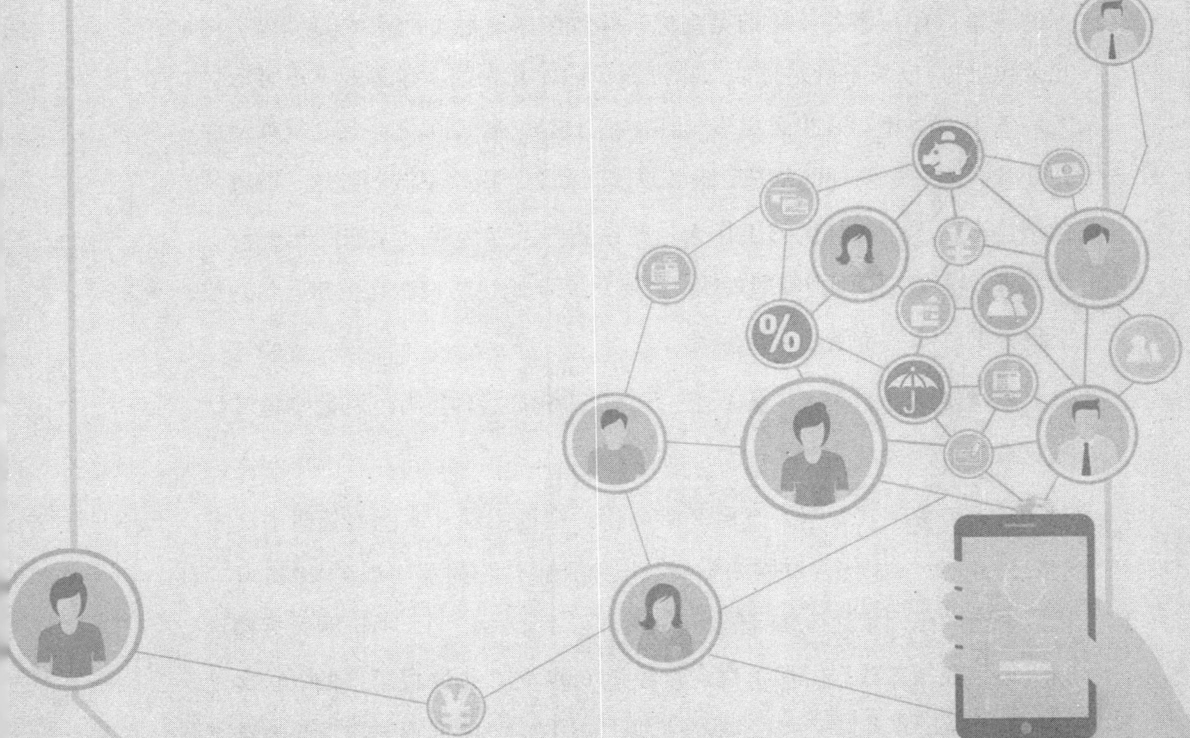

一、数字政务“进行时”

从本次疫情发生、防控到社会秩序恢复的全周期来看，数字政务的能力、作用与价值在整个疫情推进过程中同时体现了“不可承受之轻”与“不可承受之重”。所谓“不可承受之轻”，是指在疫情中涌现的数字政务服务模式与体验，由于数字技术、移动平台及小程序等典型应用的支撑，普遍呈现出轻量化、轻便型特质。由于疫情防控紧急形势所迫，对个人数据的收集口径与服务体验的粗粝化，导致疫情过后可能造成的“数字化冗余垃圾”，以及不确定性的数据泄露风险，此为数字政务的“不可承受之轻”。所谓“不可承受之重”，是指由于疫情防控要求之必需，所有围绕公众和个人安全防控的治理、服务及监管内容，均须下沉到社区、街道及村镇，而由于基层社区的工作人员数字素养及操作能力无法匹配防控工作需求，导致工作压力骤然加大，且无法完全满足防控工作要求，此为数字政务的“不可承受之重”。

疫情倒影下的数字政务“轻”与“重”的背后，我国政府数字化转型究竟经历了什么？

从我国数字政务普及发展基础而言，根据中国互联网络信息中心发布的第 45 次《中国互联网络发展状况统计报告》显示，截至 2020 年 3 月，中国网民规模达 9.04 亿，互联网普及率达 64.5%，手机网民规模达 8.97 亿。我国在线政务服务用户规模达 6.94 亿，占网民整体的 76.8%。近年来，通过“互联网+政务服务”“一网通办”“最多跑一次”等改革措施推动，我国在线政务服务用户数量呈持续上升趋势，公众对在线办政的认知度、参与度与获得感均不断提升。然而，59.6%的在线政务服务用户比例意味着数字鸿沟依然有待缩小、公众在线办政的能力亟待提升，尤其是以移动化、智能化、自助化为特征向基层社区、老少边穷地区延伸的政务服务平台、窗口与界面仍需进一步扩展。疫情蔓延期间的全社会防控在基层治理、城市流动人口管理、政务服务大厅管理等方面，对涉及每一个社会个体的医疗、出行、办事、生活等场景实现了全量覆盖，公众的参与度、感受度得到了空前提升。

从我国数字政务发展的技术准备而言，PC 互联网到移动互联网的过渡与迁移，推动我国数字政务实现了平台建设模式、运营发展模式、用户体验模式等全方位转型，期间出现的以政务 App、政务微信、政务微博、政务头条乃至目前流行的政务抖音等为代表的政务新媒体，均是移动政务服务的典型模式与平台代表，其在内容、数据、业务和场景等方面通过数字技术应用实现了对超级平台的海量用户启蒙。目前，随着 5G、大数据、人工智能、区块链等前沿数字技术的应用，在政务服务、社会治理、市场监管与运行决策等方面，以小程序、二维码、语音助理、面部识别、自助服务设备等平台、技术与设备的综合性应用，正在成为数字政务发展的新趋势。本次疫情暴发引发的各地政务服务大厅倡导的“无接触政务”，其本质就是对智能时代政务服务模式的进一步推动。

从我国在线政务服务平台建设现状来看，《国务院关于加快推进全国一体化在线政务服务平台建设的指导意见》（国发〔2018〕27 号）要求，2018 年年底前，国家政务服务平台主体功能建设基本完成，通过试点示范实现部分省（自治区、直辖市）和国务院部门政务服务平台与国家政务服务平台对接。2019 年年底前，国家政务服务平台上线运行，各省（自治区、直辖市）和国务院有关部门政务服务平台与国家政务服务平台对接，全国一体化在线政务服务平台标准规范体系、安全保障体系和运营管理体系基本建立。2020年年底前，国家政务服务平台功能进一步强化，各省（区、市）和国务院部门政务服务平台与国家政务服务平台应接尽接、政务服务事项应上尽上，全国一体化在线政务服务平台基本建成。2022年年底前，全面实现“一网通办”。国家政务服务平台在通过本次疫情期间陆续推出的“新冠肺炎疫情防控专题”“推动有序复工复产服务专题”“返岗就业服务专题”等，通过整合各部委及全国各省市在线服务资源，积极塑造了疫情防控服务的入口价值。中国政府网、国务院客户端及小程序则在政务公开、回应关切、便民服务等方面推出了“疫情防控线索征集”“疫情防控和复工复产服务专区”“中小微企业、个体工商户复工复产专区”“就业服务专区”等，充分整合利用政务信息资源与数据，在政策服务、查询服务及在线互动方面充当了权威专业门户作用。此外，从地方在线政务服务建设来看，全国已经基本搭建统一的在线政务服务平台，并上线移动政务服务 App 及小程序。据复旦大学和国家信息中心数字中国研究院联合发布的2019年下半年《中国地方政府数据开放报告》显示，截至 2019 年 10 月底，我国已有 102 个地级及以上的地方政府上线了数据开放平台，全国地方政府数据开放平台总数首次破百。从本次疫情防控应对来看，不管是我国各级数字政务服务平台通过网站或移动端上线“疫情防控服务专区”，还是通过数据开放平台定期发布疫情防控相关数据，都足以说明我国政务服务平台正在具备初步的大规模在线政务服务支撑能力。

对于公众需求与体验而言，自 2015 年“互联网+政务服务”提出以来，公众已基本完成了对数字政府从政务公开、在线服务、社会治理、市场监管、运行决策等不同领域不同层次的初步认识，而目前最备受诟病的或最为公众所期待的是：如何实现从在线“能办事”到在线“办成事”

的跨越，因此“一网通办”“最多跑一次”“不见面审批”等被广泛推崇与倡导。当前，“新闻”与“案例”中体现的“互联网+政务服务”改革创新仍具有一定的“典型意义”，迫切需要一场全民参与、迎合刚需的城市级政务服务应用来完成全社会的数字政务启蒙。这背后的原因是，在日常生活中的个人、法人等为了基本生活和工作需求开展的在线办事所带来的感受、价值尚无法体现数字政务真实水平，部分政务服务的工作人员对平台、数据的敬畏不够，因此各方并不能完全参与或完整反映数字政府的发展实际，而疫情带来的威慑性、杀伤力与行为强制性，使政务服务的平台、应用与数据在各个环节必须做到无懈可击，才能满足疫情防控的硬性要求。甚至可以说，中国的政府数字化转型需要一场“不能放过的危机”，以在数字政务发展的艰难爬坡过坎时期在机制创新、数据共享、体验提升、改革瓶颈突破等方面实现颠覆式、裂变式效应，呈现出超乎寻常的发展速度、质量与深度。

二、数字治理“攻防战”

疫情数据的不断刷新、各地防控措施的升级，使围绕城市治理与服务的数字创新达到空前的水平。各地对数字技术、平台与数据的使用态度、应用水平及社会影响也是各省市数字治理能力的直接体现。通过对疫情之下的城市治理与服务的观测，探索在技术、网络、平台、数据等驱动下，城市的宏观态势感知、政府透明度、政务服务创新、组织与资源协作等领域如何实现自我进化，在管控的强制性与数据智慧之间如何实现最优解，应该是本次疫情“应该教会我们的事”。

温斯顿·丘吉尔在二战期间说过，永远不要浪费任何一场“好”的危机。新冠肺炎疫情的严峻形势推迟了各地政务服务中心实体大厅的上班时间，犹如朝已经站上蹦极跳台的数字政务服务身后推了一把，使“无接触服务”“不见面审批”“零聚集服务”等不再停留在愿景与目标设计层面，直接成为当下的常态化、标准化工作要求。国家卫生健康委要求，强化政务服务一网通办，以网上办、自助办、掌上办、咨询办实现“不见面审批”，以“远距离、不接触”最大限度隔绝病毒的传播途径。2017年现身于江苏政务服务改革领域的“不见面审批”正成为以数据共享与平台赋能支撑的在线政务服务推荐场景。不仅如此，鉴于新冠肺炎疫情的传播特征与严峻形势，社区的“无接触”电商服务、无人机城市巡查等正在不断涌现，智能技术在不断取代、介入与降低城市服务的环节、场景与安全风险。“无接触”“不见面”“零聚集”成为常态的未来已至。

国务院“互联网+督查”平台首次发起“疫情防控线索征集”，并迅速登录微信城市服务的首页推荐服务，此后以“抗疫”为主题围绕个人健康申报、就诊医疗服务、市场监管举报、口罩预约服务等开始不断以“微信+政务服务”“小程序+政务服务”的方式涌现，并逐步形成了以疫情动态、个人申报、群众监督、在线咨询、门诊药店、同行程查询、辟谣平台、口罩预约、疫情地图等模块为基本服务内容的“疫情防控”在线应用模板。从移动政务的应用实践来看，在中央部委，2020年1月25日，国务院客户端小程序上线疫情线索征集专区、发热门诊和医疗救治定点医院查询专区、国务院部门疫情防控消息专区等系列服务，上线至今有超过3500万人使用；中国海关在小程序内上线出入境健康申报功能后，日均使用人次已经超过30万；在地方，广州“穗康”小程序上线当天访问量突破1.7亿人次，累计访问量近4亿人次，每天有超过50万名民众通过“穗康”进行口罩预约购买，目前平台注册用户总数已接近1000万。“小程序+政务服务”已成为非常时刻城市治理与服务的快速反应模式。

此外，数据的及时开放和二次应用是本次疫情“阻击战”中的一大亮点。疫情以“数据”的方式在互联网上迅速进入人们视野的是“丁香医生”基于移动平台与公开数据制作的疫情动态，其中包括确诊、治愈、重症、死亡、疑似等数据，随后相关平台也开始介入疫情数据的采集、披露与可视化呈现。运营商和地图平台则通过实时数据让公众随时查看疫情扩散情况，同时帮助卫生部门追踪潜在患病人士移动轨迹，降低疫情传播；互联网平台开发微应用帮助各级政府部门、高校院所、企业等组织快速采集相关疫情数据，为各地制定精准的防控措施提供数据参考；票务平台12306利用实名制票大数据的优势，提取确诊患者车上密切接触者信息以配合地方政府及各级防控部门进行后续跟进；城市公共安全管理平台通过为执法部门提供疑似病例交通、住宿、社交往来等信息，为感染源的及时阻断和防控提供数据支撑。

诚然，大数据的开放与应用在这场城市应急中发挥了不容忽视的作用，但也看到了很大的进步空间。在此次疫情防控中，卫生部门与公安、交通、通信、医疗物资管理部门，以及周边城市乃至社区间的协同治理能力和效率受到了较大挑战，进一步凸显了跨部门、跨城市间数据融合的需求与紧迫性。试想一下，在疫情防控物资调配方面，如果可以将数据融合打通贯穿于善款往来、物资仓储、调拨申请、物流信息、发放登记等全过程，必将极大提升治疗防控的效率。

当然，数据的开放也不是没有边界的。公布辖区内的确诊、疑似等病例数据、患者行踪路线图等信息，一定程度上可以提醒周边群众并且降低社会恐慌与公众焦虑，但如果任由个人隐私数据被无节制地开放可能也会引发“人被当作数据一样管理”的连锁反应。在疫情暴发初期，有的城市政府机构公布的确诊病例直接涉及姓氏、小区房间号甚至手机号等，有的企业甚至要求复工员工提供个人 GPS 移动轨迹以自证“清白”。中央网信办在疫情期间专门发文要求，“任何单位和个人未经被收集者同意，不得公开姓名、年龄、身份证号码、电话号码、家庭住址等个人信息，因联防联控工作需要，且经过脱敏处理的除外”。

对于数字技术快速融入城市建设与发展进程的当下，智慧城市的“总体规划”会涉及基础设施、治理、服务、监管、产业、制度体系等各个部分，但当新冠肺炎疫情来袭时，我们发现：为应对“流动性”这个最大的挑战，城市最需要的是一个面对城市突发性灾难的系统化、可伸缩的弹性机制，以及一个直击人心的爆款式应用，如可以快速推出一个市民个人应用或口罩预约系统。

每个城市的资源承载与输出能力都有自己的底线与瓶颈，特别是当整体供求量失衡时，爆发出暂时性抢购在所难免。对于数字时代的城市而言，每个城市无法摆脱的两个命题是：“有限”的服务与“无限”的需求。“有限”的服务即无论是通过何种渠道、平台、窗口输出城市服务，最终城市服务资源均将来自其管理部门与社会公共服务部门的支撑半径，这也是为什么大家看到湖北疫区的各个城市医院频繁发布物资告急信息的原因;“无限”的需求即当网民均可以通过互联网平台、政务服务平台、生活服务平台等从四面八方进入城市并开始发起服务请求与资源诉求时，除了限制请求人的户籍、是否缴纳社保以判断是否为其提供服务，我们还应更为智慧地拓宽城市的服务版图与胸襟。

此前，江西与浙江、江西与福建通过电子证照数据共享的方式实现城市服务的异地输出，长三角、港珠澳大湾区实现跨地域的城市服务供应。疫情之下，国家政务服务平台基于微信与支付宝推出了全国统一的健康码互认机制。当城市的紧急时刻来临，如何通过围绕目标人群流动轨迹的数据共享制定符合实际的防控措施？如何通过城市生活资源、医疗资源的在线化以实现高效的城市间的物资调配？这将始终是一个围绕管理、资源、数据的协同命题。从本次疫情的发展态势来看，数字时代的城市命运从来都不是孤立的，而是一损俱损一荣俱荣的命运共同体。

面对城市突发性灾难，不仅需要果断、“硬核”的处置手段以提升公共安全与降低公众风险，在数字技术与落地防控措施的结合中，更需要寻找符合城市数字治理逻辑的“智慧”手段，并不断纠偏、优化和迭代防控手段，实现政务服务“一网通办”、城市治理“一网通管”，最终实现未来城市“以人为中心”的目标。

当下的中国经济不仅正在经历数字产业化与产业数字化的转型期，现代政府的治理与服务模式也正在卷入全球化、数字化与智能化浪潮，推动数字政府建设与政府数字化转型已成为政府治理与服务创新的共识。英国曾在 2015 年启动“数字政府即平台”计划，这一系列举措取得了显著成效，助推英国政府获得 2016 年联合国电子政务调查评估第一名。随后，英国政府发布《政府转型战略（2017—2020）》，旨在加快推进政府数字服务，强化“数字政府即平台”的理念，促进跨政府部门建设共享平台，提高政府数字服务效能，改善民众与政府之间的关系。[1]国家政务服务平台作为全国在线政务服务一体化平台上线试运行即代表我国的数字政府实践也正在进入平台化发展阶段。从本次疫情防控观察发现，无论是上到国家政务服务一体化平台的服务输出，还是下到城市基层不断涌现的创新应用，其背后都呈现了基于统一账号体系、统一认证体系、统一支付

1 Government as a Platform，https://www.gov.uk/government/policies/government-as-a-platform.

路径、统一基础设施等“数字政府即平台”的显著特征。那么，这场疫情究竟将对中国治理体系与治理能力现代化进程带来怎样的影响？我们试图从政务公开、数据开放、城市治理、政务服务等方面进行剖析，以期洞察数字中国的未来之路。

CHAPTER 07

政务公开

国务院小程序“集结号”

“数字抗疫”标配

直播与政务公开

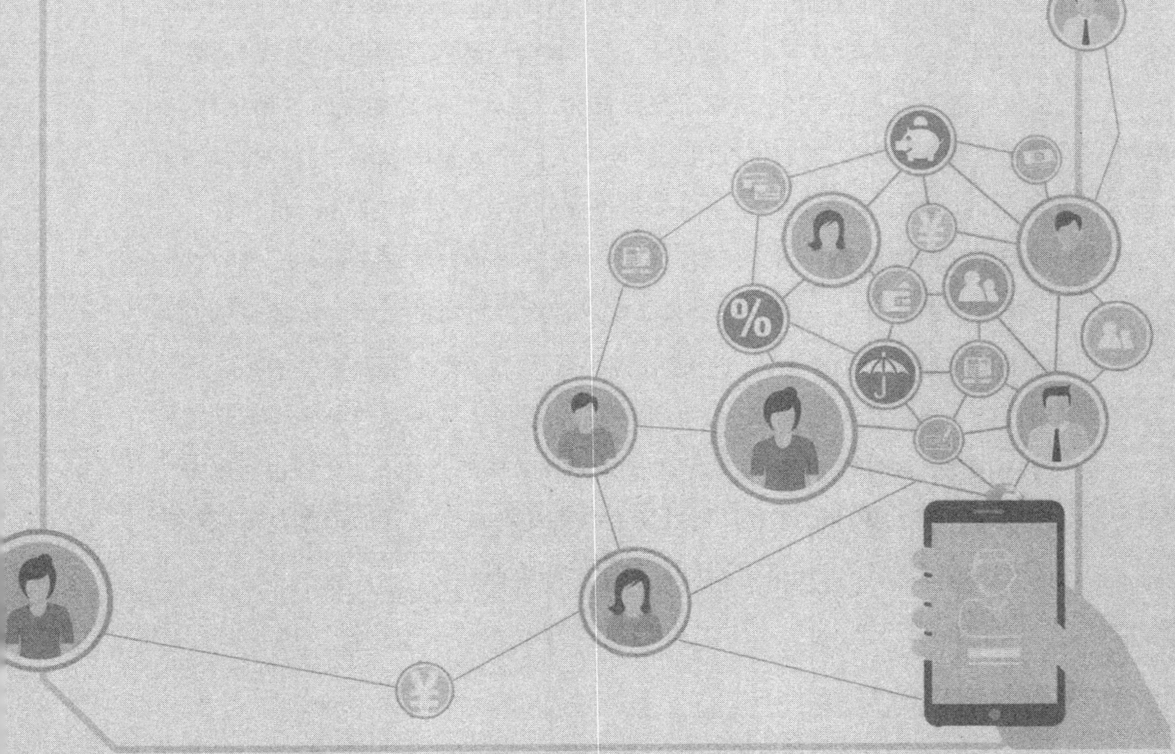

相比于2003年的非典，本次疫情的舆论环境与政务公开的通道已经完全被媒体化、平台化、数据化甚至视觉化，公众参与网络议题的能力、方式与创意在不断提升，建设性的对话平台搭建与依托数字技术的创新互动方式，应该成为5G、大数据、人工智能时代的政务公开新常态。在公众情绪反射弧被平台、数据与算法压缩到无限小的直播时代，政务公开的确需要重建自身的语言、行为及观念。

信息公开、政策解读、回应关切等是增强政府透明度、提升决策科学性、重建公众信任的重要方式，而数字技术在当前政务公开的进程中的作用与价值越来越凸显。《人类简史》作者尤瓦尔·赫拉利在《疫情中我们将创造怎样的世界？》一文中表示，“我们当然应该利用新技术（防控疫情），但是这些技术应该赋予公民权利。当人们谈论监控时，请记住，同样的技术，公共当局可以用它监控个人，个人也可以用它监控公共当局”。[1]其实微博和微信在过去几年已经部分充当了这种“监督”的价值，推动了政府和公众的相互监督，每一次舆论事件其实本身都是一次“技术赋权”的过程。未来政府与公众在基于数字技术的监督与被监督的进程中理应走向一个平衡，只有双方势均力敌，技术才会走向“向善”，否则任何一方的能力过于强大，就有失控的风险，这涉及“技术伦理”与“技术道德”。例如，掌握互联网传播规律及数据能力的人，会利用规则去煽动与套利，某种程度上，可以说公共机构在重大事件面前既是可以呼风唤雨的“灭霸”，但又是不可忽视的“弱势群体”。

---

1 尤瓦尔·赫拉利，疫情中我们将创造怎样的世界？《三联生活周刊》。

一、国务院小程序“集结号”

2020 年 1 月 24 日，国务院办公厅作为针对回应社会关切的首个政府官方机构第一时间在中国政府网发布公告，通过国务院“互联网+督查”平台面向社会征集有关地方和部门在疫情防控工作中责任落实不到位、防控不力、推诿扯皮、敷衍塞责等问题线索，以及改进和加强防控工作的意见建议。国家“互联网+督查”平台在国务院客户端、微信/支付宝小程序等平台同时上线了“疫情防控线索征集”入口。随后，微信城市服务将“疫情防控线索征集”作为热门服务在首页推荐，覆盖所有微信城市服务目标用户。由此可见，当社会舆论沸点、政务公开举措与社会化平台结合的时候，所能产生的影响、效果与价值都是无可限量的。

国务院办公厅于 2018 年发布的《关于推进政务新媒体健康有序发展的意见》（国办发〔2018〕123 号）对政务新媒体发展提出目标：到 2022 年，建成以中国政府网政务新媒体为龙头，整体协同、响应迅速的政务新媒体矩阵体系，全面提升政务新媒体传播力、引导力、影响力、公信力，打造一批优质精品账号，建设更加权威的信息发布和解读回应平台、更加便捷的政民互动和办事服务平台，形成全国政务新媒体规范发展、创新发展、融合发展新格局。作为政务新媒体的龙头，国务院客户端于 2016 年 2 月 26 日上线，随后推出了“我向总理说句话”“政府工作报告意见建议征集”等爆款互动栏目；国务院客户端小程序于 2019 年 3 月 1 日上线，推出的国务院“互联网+督查”平台已成为政务服务小程序的翘楚（见图 7-1）。从本次疫情的演进过程来看，中国政府网、国务院客户端及小程序在信息公开、政策解读、回应关切等系列工作中均充当了关键的引领作用。

图 7-1　国务院客户端小程序首页

自国务院“互联网+督查”平台发布“疫情防控线索征集”以来，中国政府网新媒体国务院客户端及小程序在本次疫情中为满足各个阶段的公众、企业及社会需求，陆续推出了“疫情防控和复工复产服务专区（见图 7-2）”“中小微企业、个体工商户复工复产专区”和“就业服务专区”。对国务院客户端小程序疫情期间的动态观察可以得知，基于权威信息、权威数据与权威渠道的搜索、查询与互动是其影响舆论、防控疫情和服务用户的重要手段方式与核心价值。从搜索角度而言，国务院客户端小程序在疫情防控服务专区提供了定点医院、孕妇定点医院、小微企业名录等信息资源，为用户提供搜索获取权威信息的来源；从查询角度而言，国务院客户端小程序通过对中小企业主、城市市民、应急求助市民等进行不同的人群需求汇集，提供包括税收优惠、中小企业政策、应急物流电话、蔬菜供应等多项通过梳理与标准化处理的数据资源；从互动角度而言，国务院客户端小程序通过设立个体户调查、政策落实调查等，通过移动政务服务平台的广泛参与和需求分析，接收真实的一线实况数据，对国家政策落实形成了在线监督作用。

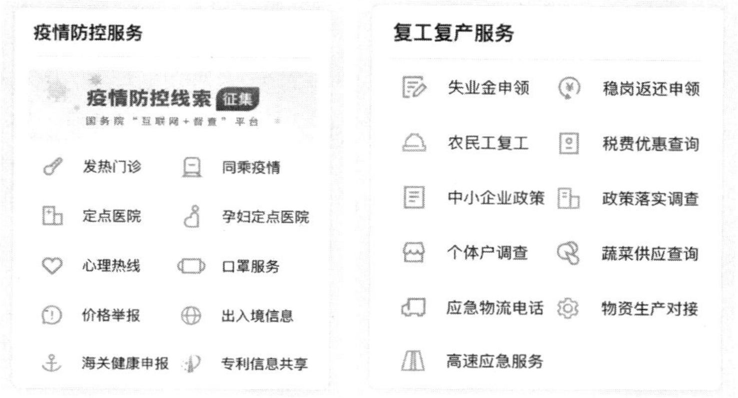

图 7-2　疫情防控服务专区与复工复产服务专区

不仅如此，国务院客户端小程序还通过对横向与纵向的数据资源整合，形成了具有自身特色与独特价值的疫情防控服务应用。例如，“疫情防控行程卡”，又称为“通信大数据行程卡”（见图 7-3），即是国务院客户端小程序联合中国信通院、中国电信、中国移动和中国联通共同提供，通过识别和定位用户手机号码在疫情期间 14 天内的移动轨迹，判断是否有与确诊患者同乘交通工具的风险。而国务院客户端小程序提供的“同乘查询”（见图 7-3）的数据来源则是由卫生健康、铁路、民航等部门依托国家“互联网+监管”系统汇聚的相关数据。此外，国务院客户端小程序还针对一些辅助性服务进行了横向整合，如将国家税务总局的“税务开票助手”小程序、国家市场监督管理局的“12315”小程序接入平台，为用户提供一键直达服务。

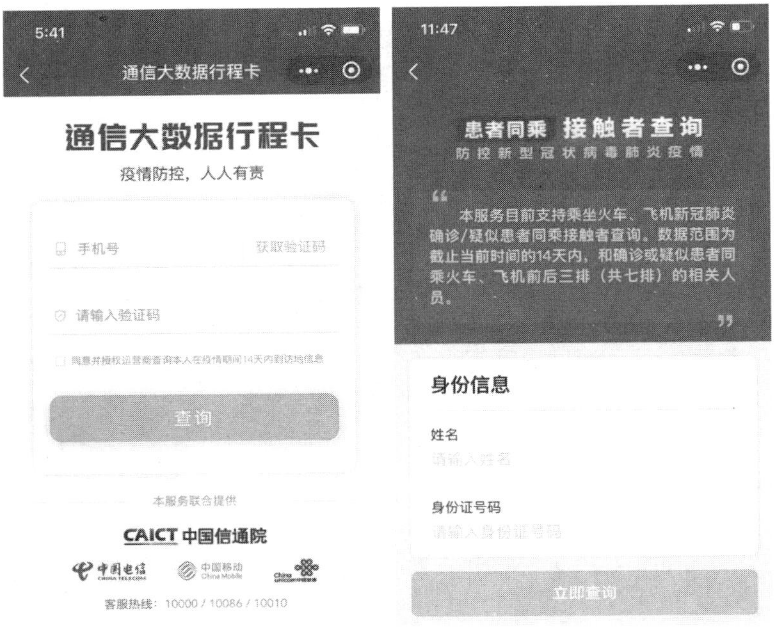

图 7-3 “通信大数据行程卡”与“同乘查询”

作为一个处于金字塔尖的移动政务服务平台，国务院客户端及小程序在本次疫情中率先吹响了“数字抗疫”的集结号，真正从自身优势、能力与角色出发，充分发挥了其连接价值、窗口价值与资源池的价值，在政务公开与公共服务的社会刚需中找到了属于自己的流量与用户。

二、“数字抗疫”标配

为应对疫情冲击，全国 31 个省（区、市）的政府网站均开设了新型肺炎疫情防控专题页面，内容涵盖疫情通报、防控要闻、各地应对举措、防控服务、科普知识等多个方面，及时准确发布中央、各省市的疫情信息和防控政策，做到各类消息公开透明，帮助群众答疑解惑。除在网站设立专题外，各地充分发挥大数据平台作用，整合各地方政务服务移动端平台、支付宝小程序、微信小程序等服务入口，搭建疫情防控专题，帮助民众足不出户及时掌握当前全国疫情防控态势。全国已有20个省市在移动政务服务App、支付宝小程序、微信小程序等平台开设“疫情防控服务专区”（见表7-1），提供信息发布、在线查询、智能问答、医疗查询等服务，并提供与第三方平台联合输出的便民服务，如谣言查询、周边疫情、健康科普等。

表7-1 各省市移动政务服务平台疫情防控专栏一览

地 方	移动端专题（App/支付宝/微信）	主要服务内容
广东	“粤省事”:“广东疫情防控服务”专区	提供全国疫情情况、权威防疫资讯、群防群治战疫情和防疫便民四大内容
浙江	“浙里办”：浙江省新型肺炎公共服务管理平台	提供主动申报、疫情线索、医学观察服务与管理、最新疫情动态和卫生健康资讯、互联网医院新冠肺炎通道、线上智能问诊等服务
安徽	“皖事通”：“新型肺炎防控专题”	提供疫情实时跟踪、疫情防控通知发布、医疗救治定点医院名单、疫情防控健康科普知识、确诊患者相同行程查询等
福建	“闽政通”：“福建省新型冠状病毒感染的肺炎防控便民服务平台”	提供卫生健康热线、疫情防控、疫情辟谣、疫情24小时直播、疫情智能问答、价格举报、高速封堵查询、12345便民服务等
北京	“北京通”：新型冠状病毒肺炎防控专题	提供疫情实时进展情况、国家和北京市疫情防控相关部署、全市发热门诊查询、定点医院查询、在线疫情智能咨询、确诊患者同乘查询、12345反映疫情相关诉求等服务应用
上海	一网通办新冠肺炎防控专栏	提供上海疫情最新动态、实时防控公布（全国/上海）、相关查询服务、长三角其他省市相关信息汇总等

续表

地　方	移动端专题（App/支付宝/微信）	主要服务内容
江西	“赣服通”：江西疫情服务专区	提供包括附近疫情、患者同行程、谣言查询、上报周边疫情、12315疫情督查、定点医院查询、科学防护最重要、趣味PK答题、停课不停学等功能和服务
吉林	“吉事办”：新型肺炎疫情防控公共服务专区	提供全省疾控中心和卫生健康委应急值守电话、全省新型肺炎定点救治医疗机构和发热门诊医疗机构等多项查询服务
天津	“津心办”:“防控疫情天津在行动”疫情防控服务专区	提供全市47家发热门诊地址及电话查询、发热门诊候诊信息定时播报、就近医院“一键查”功能、疫情智能助手、疫情权威新闻、疫情防护知识等
河北	“冀时办”：新型肺炎疫情防控专题	提供防疫信息、发热门诊查询、医疗救治定点医院查询、新型肺炎确诊患者同行程人员查询等
河南	“豫事办”：疫情防控专区	提供疫情动态、患者同程查询服务
重庆	“渝快办”:“全力以赴坚决打赢疫情防控阻击战”专栏	提供中央部署、重庆行动、疫情通报、防控知识、辟谣专题、疫情自诊、药品咨询、确诊患者活动轨迹等
湖南	“新湘事成”:“抗击新型肺炎 湖南在行动”	提供发热门诊和定点医院查询、发热自查、同行程查询、疫情防控监督热线电话查询、湖南疫情实时数据播报等5项服务
湖北	“鄂汇办”：疫情专区	提供疫情实时动态、医疗救治信息、应急通讯录、疫情防控信息、疫情相关线上办理事项、在线义诊、患者同程查询等服务
江苏	江苏政务服务：新型肺炎疫情防控专题	提供疫情申报、疫情信息、网上办事、确诊人员同行查询等7大类服务
四川	四川群防快线平台（微信小程序）	提供个人疫情防控信息自主申报、在线自测问诊、可疑疫情线索上报、权威信息发布、违规行为举报等服务
广西	“爱广西App”：新型肺炎防控专题	提供实时疫情跟踪、疫情防控线索征集、确诊患者同行程查询、广西定点收治医院明细、疫情自诊、智能问答、在线义诊等服务

续表

地　方	移动端专题（App/支付宝/微信）	主要服务内容
辽宁	“辽宁省 12320 健康通”微信公众平台：辽宁新型冠状病毒感染的肺炎服务平台	提供疫情实时查询、定点（发热）门诊导航、主动申报与疫情线索提供、疫情辟谣、新型冠状病毒感染的肺炎科普、发热症状自查六大功能
云南	“办事通”：“坚决打赢疫情防控阻击战”专栏	提供疫情动态、防疫查询、防控服务、物资专区、监察举报等服务
山西	“三晋通”：“新冠肺炎防控专栏”	提供疫情防控相关服务

“浙里办”App 在疫情初期率先推出了面向新型肺炎疫情的公共服务与管理平台，一上线就是作为一种“工具”而非“渠道”出现，是作为“解决问题”的目的而非“解释问题”的用途出现。浙江省新冠肺炎防控公共服务与管理平台（见图 7-4）推出了“驻企健康指导服务”（最开始为“主动申报与疫情线索提供”）、“互联网医院新型肺炎通道”“居家医学观察服务与管理”“集中医学观察服务与管理”“信息发布与健康教育”“网上智能问诊与人工服务”“新冠肺炎患者同行程查询”“新冠肺炎心理健康服务”，全方面、立体化地从信息公开、在线咨询、远程服务、知识分享、在线服务等为网络用户提供服务，这种集中化、综合式的在线服务模式也为后续其他省市的应对提供具有借鉴意义的移动政务产品样板。从浙江省新冠肺炎防控公共服务管理平台的建设运营思路可以看出，首先其充分利用了第三方服务与数据资源，在智能问诊、云端知识库、同行程查询等方面充分利用社会化平台的能力；其次其在疫情防控形势的不同阶段进行了在线服务重点调整，如在疫情发展后期推出了“驻企健康指导服务”与“新冠肺炎心理健康服务”，这均是对企业复工复产与社会灾难

后期心理重建的数字化支持与关怀。

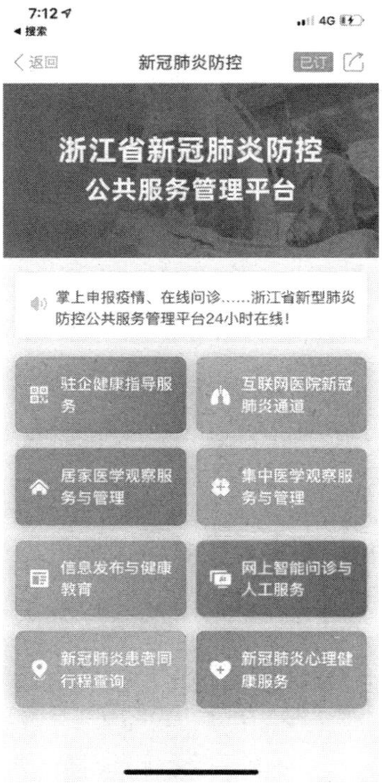

图 7-4　浙江省新冠肺炎防控公共服务管理平台

“随申办·市民云”App 及小程序建设的一网通办新冠肺炎防控专栏（见图 7-5）主要分为五个模块，一是推荐服务内容，首页包括来沪人员健康登记、网上问诊、解除医学管理措施查询等（根据疫情发展形势进行逐步更新）；二是有关疫情进展的权威热点信息发布；三是专门设置了“服务企业”与“服务个人”的模块，纳入企业复工登记、国家健康码、定点药店/医院查询、网上问诊等服务类目；四是提供了包含防控建议与智能客服在内的市民互动入口；五是提供了在线公共文化服务与第三方服务，接入了远程会议、人群热力图查询等来自腾讯、百度等企业优势技术服务应用。

图 7-5　“随申办 · 市民云”一网通办新冠肺炎防控专栏

从“随申办 • 市民云”App 的疫情防控服务专区建设思路可以看出，相比于其他省市，上海作为超级大都市在面对城市灾难应急情况下，围绕市民需求与自身发展需求所推出的应对策略确实自有逻辑，随着疫情防控形势的变化，上海的数字疫情防控专区的服务应用类型、内容、权重等均在不断调整。首先，上海非常重视政府信息公开与数据开放，从最开始进行首页数据滚动播报，到防控级别从“一级”下调到“二级”后推出“我的防疫战”应用（见图 7-6），围绕个人/企业的防控政策、防控服务、健康打卡与随申码，提供在线自动识别与智能推送服务；其次，上海更擅长利用和调动社会资源而非包办服务，如针对疫情的发展形势，其在专区内逐步介入远程办公、远程会议、远程教学等相应服务，利用各公司优势为市民提供服务；最后，上海作为世界级都市，其人口、产业和文化的多元化特征使然，尽管在严峻的疫情形势下，上海依然在移动政务服务平台推出了“在线公共文化服务”的专项内容，设置“上博邀您云看展”“在家看科技馆”“在家看上海世博会博物馆”等服务入口，希望以此满足宅家市民的文化消费需求。

图 7-6　“随申办 · 市民云”小程序“我的防疫战”

从全国省市政务服务平台的疫情应对情况来看，“疫情防控服务专区”已成为各级政务 App/小程序标配。从国务院客户端小程序、“浙里办”App/小程序、“随申办 • 市民云”App/小程序等的服务模式与服务体验来看，小程序相比于 App 的反应速度、用户体验水平、数据协同能力等总体要更高一些。但随着各省市的防控级别升级，信息流动与数据调度能力的增强，各省市移动政务服务平台针对疫情防控专栏的运营能力与水平得到了迅速提升。同时，面对外部输入性病例的增多及城市企业复工复产需求的强烈，政策数字化供给及线下通行服务的数字化支持成为在线疫情防控的创新突破领域，同时也成为腾讯、阿里等平台企业的必争之地。因此，由于各地疫情发展形势的差异及不同群体的疫情服务需求变化，“标准化+个性化”结合的疫情防控数字化创新产品亟待涌现。对各移动政务服务平台的调研了解，疫情动态、个人申报、群众监督、在线咨询、门诊药店、同行程查询、辟谣平台、口罩预约 8 个模块构成了“疫情防控平台”的主体骨架，从信息、互动到服务支持实现了基本需求与用户场景的全覆盖。而面对老年群体、学龄群体及相比常人更缺乏疫情灾害应对能力的群体，除看到前期的个人健康申报、中期的同行程查询及后期的健康打卡可以实现为“家人”“他人”协助在线办理外，其他更为必要而紧迫的服务内容在本次疫情防控过程中暂未出现，如独居老人、慢病患者等人群需求。

三、直播与政务公开

直播时代政务公开最大的特征主要表现在三个方面。首先，政务公开在不同媒介、平台与技术形式的影响下，开始呈现出从“聚焦”走向“散光”的趋势。从 Web 1.0 时代的“专业生产内容”到 Web 2.0 时代的“用户生产内容”，到目前 Web 3.0 时代的“机器生产内容”，政务公开的核心价值在平台、数据与算法的裹挟下，从一开始就出现“散光”的特性——各方解读越多，信息秩序越紊乱，事实真相越模糊。在这样的传播环境下，政务公开主体需不断重申和强调以“聚焦”到事实的本来面目与初衷。其次，政务公开的目标受众开始变得“游离不定”，公开对象越来越具备“围观者”特质。并非所有抽象的公众都符合政务公开实现设定的关心政策、关心事实、积极参与、建设性批评等用户画像。面对机器不断筛选与推送的热点内容，公众越来越缺乏耐心，往往是对舆论事件“一拥而上、一哄而散”，“围观者”的属性变得越来越明显。政务公开的内容与方式只有越来越符合公众的“围观者”心理，才能一直占据用户心智与关注偏好。最后，直播时代的政务公开效果与质量是由公开平台、公开主体与受众群体在现场合作完成的。例如，2020 年 3 月 9 日，国务院联防联控机制召开新闻发布会，介绍邮政快递业服务疫情防控和复工复产有关情况。中通快递北京厂洼路网点的快递员李杰（见图 7-7）作为快递小哥的代表出现在发布会现场并发言。从现场直播视频的效果来看，李杰的发言非常紧张，但是发布会没有因此中断，网络视频的弹幕涌现出的是“我都紧张了”“替你捏把汗”“加油”等网友的善意与谅解。显然，政务公开的受众在直播现场与主体身上已代入自身情感与价值认知，从而实现了基于共同事实与心理期待的共情。

图 7-7 中通快递北京厂洼路网点快递员李杰

从本次疫情中的多起重大舆论事件可以看出，被公众广泛关注，以及引发“谣言”与“阴谋论”的并非事件本身，而是由于当时机构对事件进展得不到及时恰当的信息公开，从而引发公众的议论与猜忌。

初期围绕政务公开开展的新闻发布会、电视访谈、公开信息发布、权威媒体发布等均存在一些瑕疵，其核心问题在于缺乏对网络空间话语体系与社会心理的把握能力，从而错判公众对政务公开内容的期待与关注焦点，结果将大量时间和机会花在了“自说自话”上，相当程度上透支了社会公信力。

在5G、大数据、人工智能、虚拟现实等新兴数字技术驱动下，直播时代的政务公开将走向何处？从本次疫情蔓延过程中政府网站、政务新媒体、权威媒体及社会化平台的政务公开作为可以看出，未来朝向四个方向的发展演进越来越清晰。

第一，未来的政务公开将走向与机器共生的时代，每个政府机构、政务公开主体及个体都需要理解“机器生产内容”的规则与规律，同时需要警惕来自机器的“驯化”。政府机构面对突然爆发的大面积社会舆情，需通过大数据准确判断用户的关注焦点与未来走势，针对性地公开社会关切的核心信息。但是，这并非意味着“用户喜欢什么就发布什么”，一些偏离主题的用户高度关注的话题，如果一旦涉入其中则如跌入舆论沼泽，不仅跟政务公开的主体职责无关，同时还将影响政府形象与公信力。

第二，未来的政务公开需要寻找目标受众的“信任代理”，并与之对话互动，在法律允许的范围内，创新性地将政府机构对事件、政策的传播、解读职责进行“让渡”与“授权”，通过政务公开主体信任的渠道、主体与方式推进和提升政务公开绩效。通过对本次疫情的观察可以明显地发现，中国工程院院士钟南山、复旦大学附属华山医院感染科主任张文宏等即是在疫情政务公开领域的“信任代理”，钟南山院士的访谈、张文宏主任的演讲，就在很大程度上成为政府通过官方渠道推进政务公开的有效补充，成为社会情绪的舒缓剂与镇静剂。

第三，未来的政务公开必须推进从碎片化、颗粒化，走向集约化与产品化，通过构建完整的政务公开用户体验，为公众进行事件、政策的全貌解读。逆潮流地推进政务公开的“反碎片化”其原因在于，通过剪辑、切换甚至深度伪造（Deepfake）的短视频形成的非逻辑化叙事方式，与通过朋友圈、微信群等私域流量阵地形成的非线性化传播路径，事实上已经在对政务公开的核心价值进行反噬。那么，通过在政务新媒体、政府信息公开平台及借助权威媒体的数据资源，建设集约化、产品化的政务公开模式，推动打破信息的“孤岛化”与“蒲公英化”的传播现状，对提升公众对政务公开的认知度、认可度与认同感均具有重要意义。

第四，未来的政务公开不仅需要接受不同平台与用户的“解构”，而且需要学会“建构”。政务公开的平台、内容与形式正在不断扩展与延伸，除政府网站、政府信息公开平台、政务新媒体、权威媒体等外，正在视频领域迅速崛起的 B 站、抖音、快手等也在成为政务公开的新阵地，如国资委、公安、交警、旅游等多个政务机构均入驻了相关直播及短视频平台，并输出了符合平台调性的定制内容，政务机构对内容的娱乐化、游戏化“解构”与“被解构”获得了网友的广泛好评。当然，“建构”也是政务公开在直播时代的职责之一，通过“建构”塑造政府对事件、政策的态度与认知，也是建立公众情感联系的纽带。

直播时代的政务公开可以用“四面楚歌”与“风雨欲来”来形容，但同时面对新兴数字技术的加持，一片新的疆域正在被打开。每一次危机与灾难都是对数字时代政务公开主体机构的认知洗礼，每一次成功的政务公开实践本质上都具备不可复制与借鉴的逻辑与路径，而回归政府数字化转型的本质、回归政务公开的目标与核心价值，有助于有效应对平台赋能、技术赋能、场景赋能、用户赋能时代的政务公开新常态。

CHAPTER 08

数据开放

数据即生命

数据开放的尺度

隐私的边界

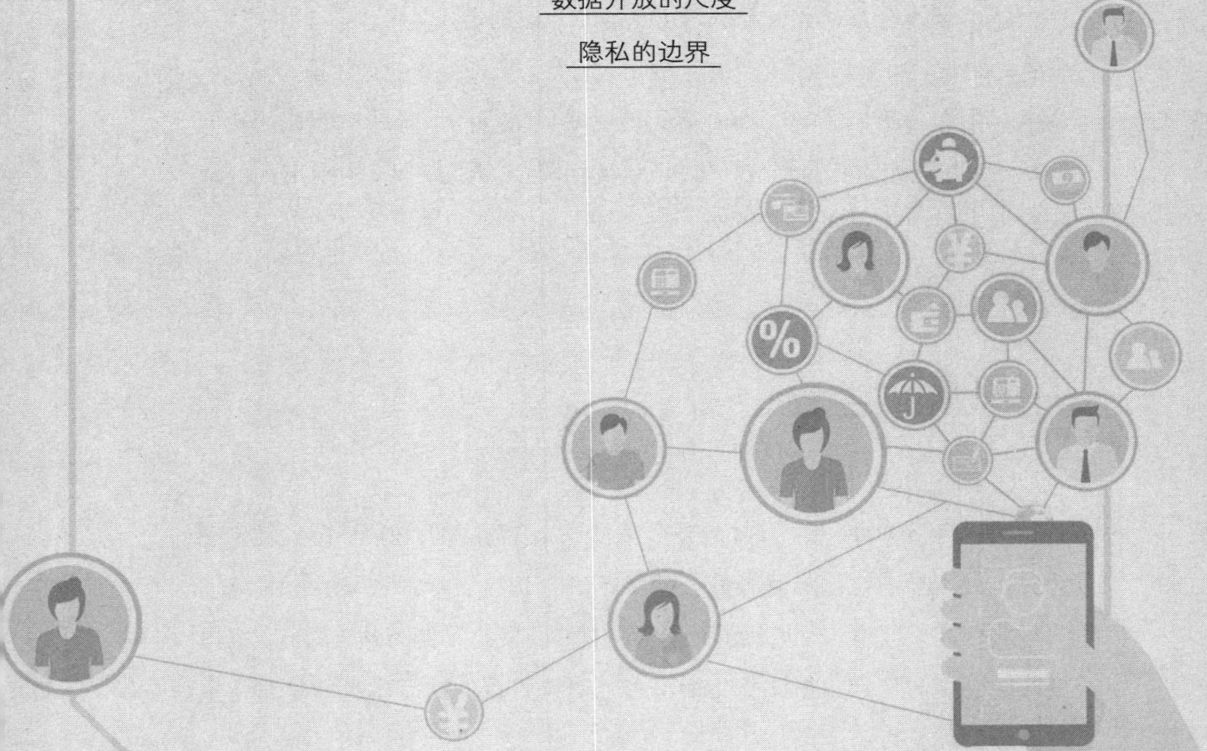

政府数据开放的功能与价值已不仅限于“透明政府”建设的局限性理解，如今已被视为一种数字时代政府履职与创新治理模式的工具与路径，同时，数据开放也是激活社会创新活力、创新公共服务模式、策动更深入广泛的民间智慧的重要杠杆与手段。例如，波士顿通过移动应用推动公众参与的数据开放应用“认领消防栓”，即为大雪天灾害天气的火灾救援提供支持，坦桑尼亚由网友共同绘制的“安全屋”地图则为可能承受强制性“割礼”的女孩提供来自在线数据开放的人道主义援助。就中国而言，最早于 2017 年 5 月 1 日施行的《贵阳市政府数据共享开放条例》是首个城市级政府数据开放条例，其中第二十条规定，信用、交通、医疗、卫生、就业、社保、地理、文化、教育、科技、资源、农业、环境、安监、金融、质量、统计、气象、企业登记监管等民生保障服务相关领域的政府数据，应当优先向社会开放，社会公众和市场主体关注度、需求度高的政府数据，应当优先向社会开放。

一、数据即生命

2011 年 3 月 11 号，日本发生了人类史载第五大的地震。震灾发生三天后，日本导演与演员北野武在接受记者采访时表示：灾难并不是死了两万人这样一件事，而是死了一个人这件事，发生了两万次。因此，来自疫区的确诊与伤亡数据即是生命本身，对待数据的态度本身即是对待生命的态度。

作为专业的在线医疗服务平台，“丁香医生”在疫情期间对网络公开数据汇集，针对疫情数据进行可视化提供，一度获得社会的广泛关注与认可，几乎成为疫情蔓延期间用户每天必点的高频应用。“丁香医生”最开始发布确诊、死亡、治愈等全国性数据，并对疫情病例的全国分布设计了可视化地图便于查阅，随着疫情的全球性蔓延，又推出了国外疫情数据、境外输入数据等类目。至 2020 年 3 月 24 日，“丁香医生”新型冠状病毒肺炎疫情实时动态页面已被浏览近 33 亿人次。由于“丁香医生”此前在行业的专业形象与网络舆论的公共信任度，其发布的动态数据在疫情暴发早期，某种程度上已经充当或替代了政府数据开放的部分职责，成为公众获取疫情动向的重要数据来源。2019 年 8 月 29 日正式发布的《上海市公共数据开放暂行办法》（沪府令 21 号）第二十三条规定，鼓励数据利用主体利用公共数据开展科技研究、咨询服务、产品开发、数据加工等活动。第四十六条要求，数据开放主体按照法律、法规和规章的规定开放公共数据，并履行了监督管理职责和合理注意义务的，对因开放数据质量等问题导致数据利用主体或者其他第三方的损失，依法不承担或者免予承担相应责任。假若政府数据开放的“豁免权”得到贯彻，且“开放原则”[1]得到完整执行，那么公众可通过以“丁香医生”为代表的第三方机构所获取的数据深度、广度及价值将进一步得到提升，且将直接影响全国的疫情防控进度与质量。

为便于给滞留外地的湖北籍游客提供符合疫情防控要求的住宿，腾讯新闻、腾讯文旅与美团点评联合推出的“温情中国 •温暖湖北——湖北

1 2007 年 12 月，30 位开放数据倡导者首次提出了政府数据开放的 8 项基本原则：完整的（Complete）、一手的（Primary）、及时的（Timely）、可获取的（Accessible）、可机读的（Machine-readable）、非歧视的（Non-discriminatory）、非专属的（Non-proprietary）、免授权的（License-free）。

籍游客安心入住酒店一览”（见图 8-1）也是数据开放的典型案例。截至 2020 年 2 月 3 日，已有 656 家来自全国各市县的酒店加入，用户可以通过定位自身所在位置来获取离自己最近的周边可入住酒店。在疫情引发的社会恐慌与湖北籍游客的尴尬处境下，对酒店数据的联合开放与对外进行产品化输出，其实本质上是数据开放与应急服务的有效协同，对当地城市和政府的疫情防控工作起到了重要支持作用。数据开放有利于对防控资源进行优化配置，避免盲目的资源浪费。

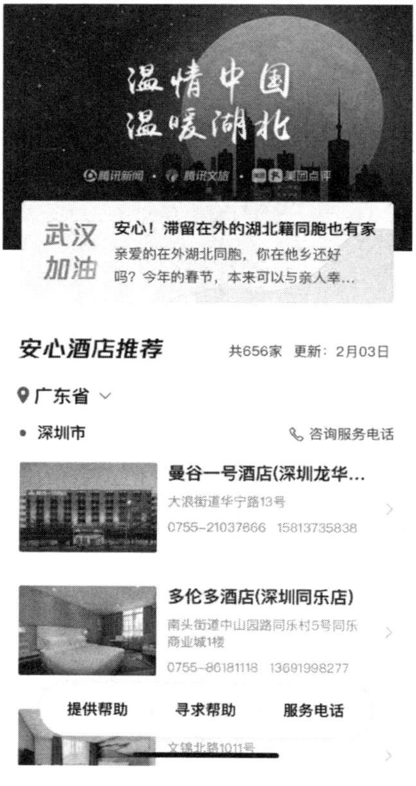

图 8-1 温情中国 · 温暖湖北——湖北籍游客安心入住酒店一览

除此之外，本次疫情中出现的两类基于数据开放的应用一度受到公众的广泛关注，并在后期由国家政务服务平台、人民日报等官方机构及权威媒体合作介入，共同打造满足公益性需求的数据应用。更为让人关注的是，这两类数据应用工具的开发均是由个人开发者独立发起，后期随着参与的用户增多与社会效应增强，逐渐转化为国民级、公益性数据服务工具。其中一类是“同乘查询”，此类应用汇聚了疫情期间已经被官方公开发布的有确诊患者的火车、飞机、汽车、轮渡、地铁等交通工具，用户主要可通过此类应用查询自己的乘车车次，以获取是否涉及与确诊者同乘的信息；另一类是“周边疫情”，此类应用主要对疫情确诊患者相关地理信息的汇聚与处理，通过电子地图对用户进行定位，然后形成围绕用户周边的疫情数据可视化展示。

疫情初期出现在朋友圈的第一款“同乘查询”数据工具来自一位名叫“童永鳌”的个人开发者，据媒体报道称，他是用一天时间与几位朋友收集公开信息数据创作完成的，发布于 2020 年 1 月 27 日，名为“新型冠状病毒肺炎确诊患者同行程查询工具”（见图 8-2）。仅半天不到的时间，该工具就超过了 10 万次查询，至 1 月 30 日就产生了 3300 万次查询。目前该工具与人民日报达成了合作，共同为公众提供查询服务。

第二款“同乘查询”数据应用则是由中国电子科技集团有限公司（以下简称“中电科”）推出的“密切接触者测量仪”，该平台由国务院办公厅电子政务办公室、国家卫生健康委员会规划信息司、中国电子科技集团联合组成的疫情防控大数据团队开发，其中对密接人员与非密接人员进行了红码、绿码的区分。中电科推出此类个人应用数据除了得力于国务院国有资产监督管理委员会（以下简称“国资委”）提倡的央企的社会责任，更为关键的是，腾讯、阿里、百度等互联网平台企业对政府科技市场的“长驱直入”，未来的数据堡垒正在形成，面向城市与政府领域的数据服务领域竞争格局正在逐步形成，中电科本次对个人数据应用的开发或只是面对普通用户数据服务的一次试水。

图 8-2 新型冠状病毒肺炎确诊患者同行程查询工具

第三款“同乘查询”是来自国家政务服务平台的“同行自查服务”（见图 8-3）。用户可通过小程序进行确诊或疑似病例同行自我检测，另外还可以帮助家人进行查询。“同行自查服务”作为全国性政务服务枢纽，在“同乘查询”的个人数据应用服务效果得到社会普遍认同。在技术安全性日趋成熟的情况下，其为疫情期间的公众提供了更具权威性与可信度的个人健康查询入口。

“同乘查询”应该是互联网有史以来在中国社会治理领域最大规模、最高频次的个人信息收集行动，由于不仅涉及政府官方平台，同时还涉及了央企合作平台，以及第三方服务平台，对个人隐私的保护始终是公众关注的焦点。疫情结束后，对政府机构而言，如何在确保安全与无歧视的前提下推出社会治理与公共服务创新举措？对于企业组织而言，如何在法律要求和允许的范围内对已收集数据进行妥善处置？这些或许是本次疫情中数据开放必须被重视的“善后工作”。

图 8-3　同行自查服务

与“同乘查询”应用“新型冠状病毒肺炎确诊患者同行程查询工具”类似，较为早期的“周边疫情”地图应用工具——“疫况”地图小程序由一名个人开发者洪俊瑶开发。“疫况”上线的第 5 天，访问量就超过了 1000 万人次。从开始一个人开发，到随后志愿者们导入来自全国 120 多座城市卫生健康委员会所公布的疫情小区文字信息，数万个可视地标被标注在地图。每天有上千万用户通过定位或搜索，了解自己身边的“疫况”。经历爆发期后的“疫况”，每日访问数据稳定在 200 万～300 万人次。截至 3 月 3 日，“疫况”累计服务用户 3500 万人，这其中也得益于国内城市对疫情信息公开性和透明度的提升。

第二个“周边疫情”地图应用工具是第一财经推出的“你的定制防疫地图”。通过与高德地图、阿里云的合作，第一财经商业数据中心推出对确诊患者病例进行地图红色标记，此外还对用户周边疫情的总体情况与现状进行综合性报告输出，用户还可以对自身位置的疫情现状进行分享转发。从本次疫情的参与能力与创新动向来看，一方面，传统媒体不仅通过新闻报道、数据能力及调研落地能力向智库型媒体进行转型；另一方面，以第一财经、南都集团等为代表的媒体集团逐步开始参与社会治理创新，成为城市政府与政务服务机构的智库力量。

第三个“周边疫情”查询工具是以江西省政务服务平台“赣服通”为代表推出的“江西省疫情查询工具”。作为一个省内区域性应用，该工具使用的是江西省各地区卫生健康委员会公布的公开数据，由于锁定了目标区域，在地图数据的标记与提醒上显得更为精确和具体。此查询工具通过热力图的模式进行疫情风险提醒，对公众生活出行有更为有效的指导意义。

从疫情期间涌现的数据开放应用与工具可以看出，“数据”正在从三个方面重塑城市与政府运行秩序。首先，长期深耕于专业领域的第三方平台，正在依托忠实的用户群体与娴熟的数据应用能力参与城市服务与社会治理，如“丁香医生”，之所以一度备受关注与信赖，主要还是来自其长期在互联网医疗领域的专业背书；其次，数据开放让具有数据能力的社会公众拥有了参与公共服务和社会治理的机会与空间，他们通过数据服务为政务服务机构“减压”，如“同乘查询”“疫况”等均是此类应用；

最后，国家在线政务服务一体化平台正在利用其平台和数据优势积极扮演入口与枢纽的角色，这是中央与地方、部门之间、政企之间的一次庞大的数据应用协同，对于全国的政务服务用户而言，这也是“网上政府”难得的一次认知启蒙。

二、数据开放的尺度

2020 年 2 月 4 日，中央网络安全和信息化委员会办公室在《关于做好个人信息保护利用大数据支撑联防联控工作的通知》中明确指出，收集联防联控所必需的个人信息应参照国家标准《个人信息安全规范》，坚持最小范围原则，收集对象原则上限于确诊者、疑似者、密切接触者等重点人群，一般不针对特定地区的所有人群，防止形成对特定地域人群的歧视。此外，为疫情防控、疾病防治收集的个人信息，不得用于其他用途。任何单位和个人未经被收集者同意，不得公开姓名、年龄、身份证号码、电话号码、家庭住址等个人信息，因联防联控工作需要，且经过脱敏处理的除外。

为应对疫情期间引发的互联网违法案件，广州互联网法院根据法律和相关司法解释的规定，结合审判执行工作实际，于 2020 年 2 月 12 日印发了全国首个《关于依法妥善处理涉新型冠状病毒肺炎疫情互联网纠纷的若干规定》，共计 30 条。其中针对违法泄露个人隐私数据的条款明确指出，对确诊患者、疑似患者及其家属，重点疫区人员进行侮辱、诽谤，非法收集、传播确诊、疑似患者及其家属个人信息侵犯隐私的，应依法承担停止侵害、消除影响、赔偿损失、赔礼道歉及赔偿精神损害抚慰金等民事责任。但是，疫情造成的空前社会恐慌，加上社交网络传播的“间歇性失控”，公共机构及个体对个人隐私数据的损害性利用一直未得到彻底根除。从媒体报道的公开信息可以看到，对个人隐私信息的失当利用乃至恶意传播主要集中在疫情初期与确诊数据持续攀升引发的社会舆论恐慌期。

- 2020 年 2 月 22 日，某地公安局分局发布警情通报，有人此前在执行疫情防控工作期间，私自将含有新冠肺炎确诊人员信息的图片发至微信群，导致该图片在网络大量传播，此人被依法处以行政拘留 7 日之处罚。
- 2020 年 2 月 20 日晚—2 月 21 日，在某地新型冠状病毒肺炎疫情防控工作中，有人在微信群等网络平台传播某患者及其亲属的个人信息。当地公安局分局、纪委监委介入调查。经查为派出所辅警、村干部二人分别将工作中接触获得的个人信息通过微信予以转发传播。该地派出所辅警、村干部因侵犯新冠肺炎患者隐私行为违反《中华人民共和国治安管理处罚法》的相关规定，被当地公安局分局依法分别做出行政拘留 6 日、罚款 500 元的处罚。
- 2020 年 2 月 1 日，某地人民医院检验科检验员（聘用人员），利用检验科细菌室计算机查询到该院感染性疾病科收治的新型冠状病毒感染的肺炎疑似病例患者住院病历，拍摄图片发送到家人微信群。其行为泄露了患者住院的个人重大隐私信息。该人民医院检验科负责人对自己科室的职工疏于管理，应负领导责任。
- 2020 年 1 月 28 日，某地卫生健康局党组成员、副局长通过微信将“关于××市××人民医院报告一例新型冠状病毒感染的肺炎病例的调查报告”转发给当地财政局财评股工作人员。随后，该工作人员通过微信将该调查报告电子版转发给当地财政局监督股股长。股长又将该调查报告电子版转发至其亲戚群。不久，该信息被迅速转发传播。当地纪委监委决定对这位卫生健康局党组成员予以党纪立案调查，对这位财评股工作要员及监股股长给予诫勉谈话。

除利用疫情防控期间的职权便利泄露个人隐私信息外，个别机构在发布确诊病例情况及移动轨迹上也缺乏标准规范要求，有的仅发布地区、性别、年龄等，有的则将确诊病例信息精确到小区的楼层、房间号、住户职业等。

疫情之前对政府数据开放关注度最高的三类人群是专业人士（法律及研究人员）、媒体人士（报道需要）及企业机构（业务开发需要），除此之外，普通公众由于数字化操作能力、日常生活需求及圈层限制，对政府数据开放缺乏主动的参与。某种程度上而言，在政府数据开放共享体系、机制和规则尚未完全建立起来之前，政府数据资源对个人生活的影响程度尚未得到最大限度的发挥，处于数字化影响传导最末端的普通用户尚处于无感状态。但突如其来的疫情改变了这一切：政府数据开放的规则、方式及颗粒度直接影响每个个体的生活秩序与安全防护措施。在疫情数据开放的速度、范围及精准度尚不足以满足公众需求的情况下，人们的精神处于高度紧张与恐慌中，从而导致一旦获取某类尚未脱敏或不宜全部公开的涉及隐私数据，也被在各种平台非法广泛传阅。在疫情暴发初期，各地不断疯传确诊患者病历、密切接触者名单等，其中不少带有身份证号、家庭住址等极为隐私的信息，不少人反映被陌生人通过电话、微信骚扰。此类数据信息本来是为了疫情防控而用，却在网络上演变成未经“宣判”即被“执行”，当事人迅速被“人肉”并遭到舆论的“公开审判”，甚至线下的直接伤害。

虽然中国的数据开放法律法规目前尚由发展较快的头部省市发起，但从美国政府数据开放立法推进亦可窥见端倪。2009 年 5 月，美国政府数据开放平台上线。2013 年 5 月，时任美国总统奥巴马签署政务数据公开法令，要求从即日起，所有新增政府数据都必须以电子文件方式向公众开放。2019 年 1 月，美国总统特朗普签署了《开放政府数据法案》，2018 年 12 月 21 日美众议院已批准此法案。该法案的两大基本原则是：第一，政府信息应以机器可读的格式，默认向公众开放，且此类出版物不会损害隐私或安全；第二，联邦机构在制定公共政策时，应循证使用。《开放政府数据法案》规定所有政府部门都要向公众开放“非敏感”政府数据。该法案要求联邦机构必须以“机器可读”格式，发布任何不涉及公众隐私或国家安全的“非敏感”信息，同时确保数据可以通过智能手机和其他电子设备轻松访问。该法案还要求各联邦机构任命一名首席数据官来监督所有开放数据的工作。该法案的一项条款规定，向公众发布的任何数据都必须遵守 1974 年的“隐私法”。因此，政府数据开放立法的推进本身即是一个漫长而艰辛的过程，作为对“数据”开放秩序与规则的设计，在政府公共机构中推进普法与践行的过程中也存在现实性障碍与阻力。从另一个角度而言，对公民个人隐私的保护应是政府数据开放工作的底线，否则，数据开放产生的价值可能远远无法覆盖因个人隐私泄露所带来的社会损失。

三、隐私的边界

2019 年，中国大数据领域有两起案件值得被重提，其一是公积金综合服务提供商51公积金赴港上市受挫，其原因为七成业务来自“助贷业务”。51公积金为用户提供公积金管理服务并该不向用户收取费用，然而其以提供公积金管理服务作为获客手段，通过提供贷款促成服务、信用卡申请、投资便利及导流服务等获得收益，其中最大的收入来源就是贷款促成服务，也就是俗称的“助贷”。在国内多省市彻底取缔“P2P贷款”机构的监管形势下，51公积金业务必然受到影响，而同时，公积金信息作为个人隐私数据，虽然由用户主动提供以获取对等服务，但仍存在巨大的监管风险。其二是某简历大数据公司因涉嫌倒卖简历数据被警方查封。虽然该公司创始人此前在采访中表示“个人简历并非隐私数据”，因为公司只分析简历信息中的个人教育经历和个人求职经历两部分，是属于“个人可向公众开放并知悉”的信息，对于简历中的照片、联系方式、身份证等不在获取范围，解析前已经做了脱敏处理。然而，依据最新实施的《信息安全技术个人信息安全规范》，简历中所有信息全部属于“个人信息”，同时包括“个人敏感信息”。更值得注意的是，个人简历数据之所以被数据业务公司盯上的原因是：每一份有效的简历其实是一份动态更新的个人身份实时数据。由此可以看出，个人隐私数据的利用方式、价值判定及增值模式等尚处于监管的真空当中，面向数字时代社会治理与监管的不确定性需求，更为完善与充分的政策规划亟须提上日程。

信息时代的隐私观正在不断被平台、场景、用户行为甚至监管意志所重塑，数字治理的内核其实就是政府、企业及公众围绕个人隐私信息的权利范围、表现形式及行动边界的权衡与博弈，不论你是在微博发表评论，或者是地铁扫码进站，又或者通过政务服务平台办理居住证，这些行为的背后都涉及对个人位置信息、电话号码、身份证信息甚至面部数据的应用及监管。目前，隐私的演化趋势正在呈现“隐私信息化”与“信息隐私化”的过程，“隐私信息化”是指隐私在信息时代的表现形式与结果状态都是信息，“信息隐私化”是指个人信息在收集、传播、存储、加工和使用环节逐渐生成为隐私的过程，不同空间、不同时间、不同领域的信息“碰撞”使信息性质产生了改变，使之前不属于隐私的个人信息成为隐私，传统范畴内不属于隐私的信息在新环境与媒介下成为隐私。[1]

数字治理与隐私冲突的核心问题是由个人信息的性质决定的，疫情之下的数字治理则更是如此。为了疫情防控工作需要，基于移动 App 及小程序的个人健康申报、同行程查询、口罩预约、健康码、出入证（纸质）等几乎成了普遍性的个人隐私信息采集器。基层社区的个人信息采集更是让人触目惊心，个别小区物业为了给居民住户办理出入证，其发放的居民信息登记表，除了基本的姓名、手机号、住址，还要填写民族、政治面貌、学历、身高、血型、婚姻状况、微信号等，个人隐私几乎一览无余。此外，各地健康码收集的个人信息也大同小异，都包括姓名、手机号、身份证号、详细地址、健康状态等信息，主要为了复产复工提供健康凭证。至于如此敏感的个人信息，在疫情过后将被如何处理？通过公开资料分析发现，云南省给出了明确答复。早在 2020 年 2 月 12 日，云南省公安厅大数据专家组组长刘跃文就公开表示，疫情期间采集的信息只用于疫情防控工作，等疫情结束后或是指挥部下令扫码结束，数据就将被销毁，不留作任何用途。据中央网信办于 2 月 4 日发布的《关于做好个人信息保护利用大数据支撑联防联控工作的通知》要求，“为疫情防控、疾病防治收集的个人信息，不得用于其他用途”。

为保护数字时代的个人隐私信息，欧盟曾于 2018 年 5 月通过了目前最为严格的《通用数据保护条例》（以下简称 GDPR），对企业互联网平台的信息收集、个人数据处理及“被遗忘权”等做出了细致明确的规定。目前，GDPR 的影响正在全球范围内不断发酵，美国华盛顿州参议

---

1 王俊秀，数字社会中的隐私重塑——以“人脸识别”为例|数字社会与隐私保护，《探索与争鸣》2020 年第 2 期。

院也在 2020 年2月以46票对1票通过了6281号法案（Senate Bill 6281，也被称为《华盛顿州隐私法》）。该法案以欧盟的《通用数据保护条例》（GDPR）和《加州消费者隐私法案》（CCPA）为参考，将适用于在华盛顿开展业务的公司，这些公司主要控制或处理至少 100 000 个消费者的数据，并从个人数据的销售中获得总收入的 50%或更多，以及控制或处理 25 000 家或更多涉及消费者信息的企业。同时，在被要求的情况下，公司必须修订不准确的数据并且删除用户个人信息。虽然华盛顿的部分议员在如何监管面部识别项目，或者是否暂时暂停这类项目的问题上仍然存在分歧。这意味着华盛顿通过了自己的“GDPR”。[1]而在中国，虽然《个人信息保护法》尚未出台，由国家互联网信息办公室、工业和信息化部、公安部和市场监管总局联合制定的《App 违法违规收集使用个人信息行为认定方法》于 2019 年 11 月发布，对 App 的隐私政策需“独立成文”、账号注销入口、注册协议的用户自主选择权、App 申请收集用户个人存储及设备信息权限等做出具体要求与规定，并逐步开展了对国内 App 平台数据收集行为与规则的抽检。

围绕疫情防控期间的个人隐私保护，对个人位置信息的利用方式上的差异，典型反映了不同国家对待隐私问题上的不同态度。韩国、新加坡基于真实的位置信息对个体实施类似于“监控”程度的跟踪，这对于美国及欧盟国家而言有着难以逾越的规则和文化障碍。但随着疫情蔓延加剧，这些国家也开始探索“折中方式”。[2] 2020 年 3 月 18 日，据华盛顿邮报消息，美国政府正在与 Facebook、谷歌及其他科技公司进行谈判，讨论

1 https://openstates.org/wa/bills/2019-2020/SB6281/。

2 王融、闫锦麟，“隐私”与“公共健康”的决策平衡——疫情下各国个人信息保护的 10 个共识、差异与挑战，https://mp.weixin.qq.com/s/-jpDUpBpqqR1BFmWgdVfxg；腾讯研究院官方微信，2020 年 3 月 31 日。

如何使用智能手机中的位置数据来对抗新型冠状病毒。2020 年 3 月 25 日，据国外科技媒体 engadget 报道称，包括德国电信（T-Mobile）、Orange 和沃达丰在内的八家欧洲运营商已同意与欧盟委员会共享手机定位数据，以帮助测量新冠病毒的传播范围。[1]虽然此举引发了民众对隐私保护的担忧，但是依然获得了许可，可见在公共利益面临整体性损失面前，既有的隐私保护规定与观念会出现被迫而又谨慎的“松动”。

同样面对疫情的全球性蔓延，针对个人隐私信息保护，中国大陆以外的地区如何面对与处置个人隐私与公共利益之间的关系？马来亚大学医学系作者翁诗钻在《疫情下的个人权利》一文中发问：面对可能对社会带来的威胁，当局是否可以公共健康为理由，限制个人在基本人权里保障自由移动的权益？公共健康和个体公民自由及权益的冲突，并非新鲜事。多数人甚至也无奈认为以公共安全之名的个人隐私“损失”为有必要之恶。从本次疫情来看，个人隐私与公共利益之间的权衡正在深度凸显出国别文化与地域文化特色。有专家表示，疫情下对“隐私”和“公共健康”的决策平衡，更深层地反映了一国文化和认知传统。以韩国、新加坡为代表的亚洲国家深受儒家文化的熏陶，外在“法律形式”（《个人信息保护法》）上以欧盟 GDPR 为“师”，但当个人隐私与公共利益发生冲突时，亚洲人更倾向于将重心放在公共利益上。[1]比如对确诊患者或隔离对象的“监视”级别的位置追踪。而欧盟国家在本次疫情中表现得恰恰相反，虽然其在疫情蔓延形势的迫使下推动了欧盟电信运营商与意大利、德国和奥地利等政府公共机构共享手机定位数据，但其共享部门仅限于卫生机

1 European mobile carriers will share location data to track COVID-19 spread，https://www.engadget.com/2020-03-25-carriers-share-locations-with-eu-to-track-covid-19.html?guccounter=1；engadget，2020 年 3 月 25 日。

构，且必须在隐私保护法律的规范内行事。当个人隐私与公共利益发生冲突时，欧盟国家尽管出台了看似与其隐私法律截然不同的防控措施，但最终选择的依然是对个体隐私权利的保全。

本次疫情实际是在智能化浪潮席卷之前对整个社会进行了一场信息权利启蒙与新“隐私观”的重建动员。经受疫情的冲击与洗礼之后，人们亟须建立新的“数据观”与“隐私观”。Omidyar Network[1]董事总经理 Martin Tisne 于 2018 年年底在《麻省理工技术评论》发表的 *It's time for a Bill of Data Rights*[2]一文中表示，“数据所有权”是一个概念性的错误，可引发极其恶劣的后果。人不可能“拥有”其个人信息。就算真的“拥有”，也不可能以此来避免不公和歧视。当下的互联网平台企业对数据的“趋之若骛”，以及政务服务平台对“数据治理”的“欣然神往”，其背后都是因为政策专家和技术人员大都暗自接受了“数据资本主义”的概念。Martin Tisne 认为，对数据的理解需要进入全新的范式，或许可以比作环保。假设数据类似于温室气体，虽然少量、个体的污染是无害的，但大量排放会造成毁灭性的后果。人们大都珍惜洁净的空气，正如人们珍视个人隐私。个人隐私的蚕食过程是隐性的、几乎无害的，正如二氧化碳无形无迹、对环境的影响难以名状。但如果把个体隐私的蚕食上升到世界层面，就会发现，隐私本质的深刻变革足以对社会结构造成根本性的破坏。大量排放温室气体，也会构成类似的恶果。Martin Tisne

1 Omidyar Network（奥米迪亚网络）是 eBay 网的创始人 Pierre Omidyar 和妻子 Pam 建立的慈善组织，不同于一般的慈善机构，Omidyar Network 既投资于非盈利项目也投资于盈利项目，希望利用市场的驱动来为人们生活得更好提供机会，投资和帮助已有一定规模的企业带来经济，社会，政治方面的变革。

2 Martin Tisne，It's time for a Bill of Data Rights，https://www.technologyreview.com/s/612588/its-time-for-a-bill-of-data-rights/，2018 年 12 月。

在文中认为，最根本的问题是，政府必须像保护人权一样保护人人享有的数据权。

面对即将到来的智能时代，随着人机共生、人机互联的场景与需求不断诞生，人类对“数据”与“隐私”的认知与定义也将发生改变，其利用方式、途径与价值也不断改变。当“数据”与“隐私”成为一种被市场与经济学定义的“资产”时，其必然将有贬值、溢价、盗卖等现象发生。如果某种算法本身是不公平的，那么让个体或机构“拥有”其私人数据也无济于事。隐私本质的深刻变革足以对社会造成难以名状的影响。隐私权利并非将个体与社会隔离开来的被动权利，在特定情况下，可能成为一种具有主动权的力量代表。[1]

1 陈年冰，隐私权与公共利益的冲突及其调整，《法制与社会发展》。

CHAPTER 09

城市治理

城市治理的“数字突围”

“口罩预约”的隐喻

“健康码”的符号意义

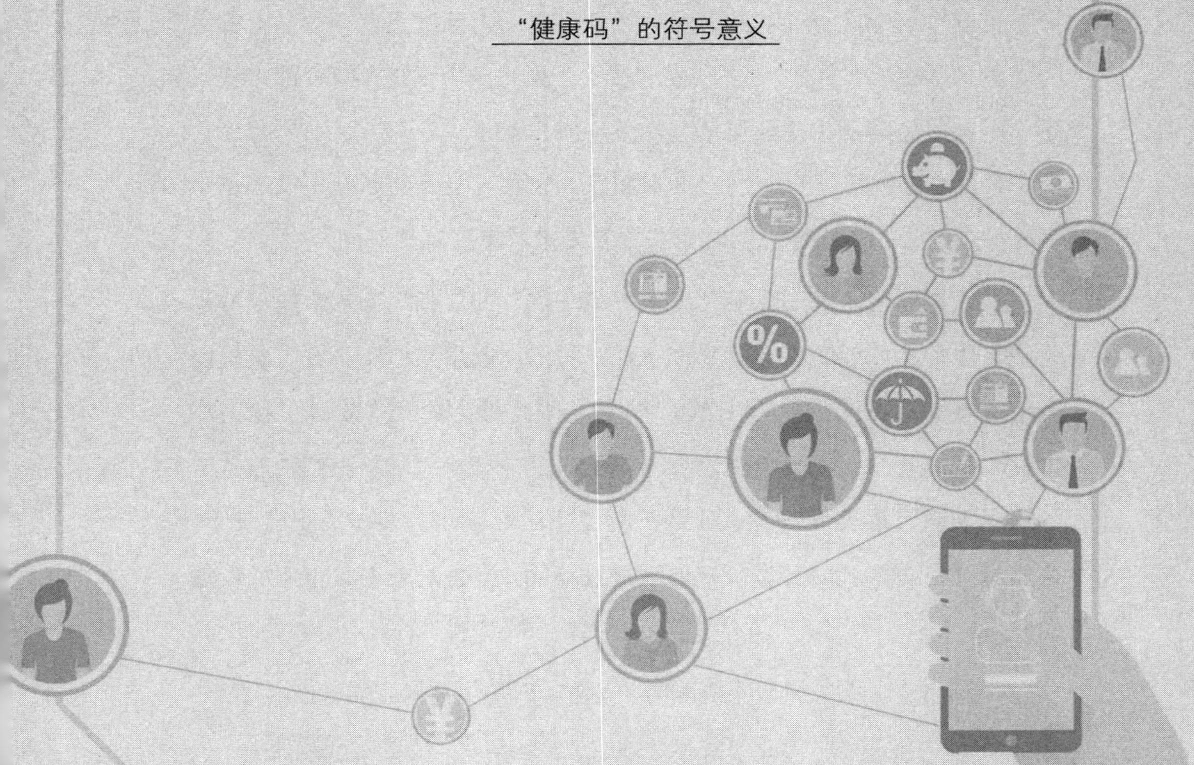

一、城市治理的“数字突围”

如果以本次疫情暴发的时间节点为界，疫情之前的城市数字化建设可称为“意识流”时代，疫情之后的城市数字化发展则可称为“技术流”时代。“意识流”时代的主要表现在于，无论是从全国性智慧城市评估或城市数字化排行，还是从地方城市建设的案例或新闻报道中，外界和市民看到的都是一座由各种创新理念与眼花缭乱的技术构建的“传说中的智慧城市”，但从未使用过也从未在公众视野中出现过任何一项值得称道的服务。“技术流”时代的主要表现在于，虽然人们无法在短时间内获取对一座城市的数字化建设观感与体验，但总有一两项来自移动平台或社交平台的创新性服务直击用户需求痛点。因此，疫情的蔓延不仅在重塑智慧城市建设的获得感，同时也在照亮未来城市发展的航向。

疫情期间，前期出现了“穗康”“深 i 您”“i 厦门”等创新能力与运营能力锋芒毕露的抗疫小程序及 App，将“口罩预约”打造成为抗疫的城市爆款应用，同时也有由微信、支付宝平台推出的“健康码”，助力城市复工复产复学，以及市民出行与日常生活。如将“口罩预约”放置政务服务创新、放管服改革、业务流程优化的数字政务发展历史背景下，这本身既是对现代服务型政府的功能性隐喻，也是对未来城市服务发展的暗示。

《商业价值》杂志出版人刘湘明在《健康码是个被忽视的奇点事件》一文中指出，“健康码”的成功实际是顺应了“强信息人”的时代潮流——人和信息不再是原来分离的状态，正在融为一体。健康码的背后本质也是人在不断被信息数据定义的过程，在前互联网时代开始，人被手机号码、短信和家庭住址定义，到互联网时代，人开始被 IP 地址、网名、邮箱地址、QQ 号码等定义，到移动互联网时代，人除了存在于数字空间的信息符码，开始首次被“流动的轨迹”数据定义，如通过使用电子地图、打车软件等信息数据，健康码只是人被最新定义的载体，只是这种数据状态的更新频次速度更快。更为关键的是，人的身份、流动路径与社会关系等形成新的信息和标签，新的信息和标签又反过来重新定义人在城市社会的状态。

“口罩预约”与“健康码”的成功是智慧城市建设模式与运营模式转型的前兆，其背后是城市治理与服务的“数字突围”。这里提出的“数字突围”实际包含了三层含义。

其一是城市治理与服务的用户从一二线城市和城市群的“头部用户”开始延伸至三四线城市的“腰部用户”，以及处于城乡接合部、乡村基层甚至山区的“根部用户”，从 25～45 岁的重点使用对象，逐步向上和向下扩展到 60 岁以上的老人与 18 岁以下的青少年。对于一款互联网应用的用户获取路径与模式而言，围绕疫情防控与公共安全打造的“无死角”严密网络的确是一种个案与特例，但是对用户习惯的养成与未来治理的影响却是深远的。

其二是城市治理与服务的参与主体开始变得创新多样且让人充满想象。最为显著的是，在本次疫情中以腾讯、阿里、百度、美团、滴滴等为代表的平台企业推出了超级应用与服务，同时个人开发者、小微企业等依托政府公共数据资源开放与互联网自组织的在线协同，打造了“同乘查询”工具、“周边疫情”地图等多款抗疫应用。这意味着，随着数字基础设施的逐渐完备，以及数据开放程度的不断提升，以个人开发者为代表的“数字劳动力”正在以众包的方式自主参与社会治理。

其三是城市治理与服务首次关注“灾后重建”的“城市恢复力”。疫情波及的城市运行速度大幅放缓乃至“静止”。但对于中国这样一个快速崛起与发展的世界第二大经济体而言，因为疫情拔掉城市的“插头”是容易的，但是要再次激活城市的每一个细胞，使城市运行恢复如初，其中的难度可想而知。从各级城市服务平台的“复工复产专栏”、市长市委书记车站接返城务工人员、城市领导者带头“下馆子”消费、城市政府发放市民“消费券”等现象可以看出，“城市恢复力”首次被重点关注。如何通过城市服务平台、数字治理工具及社会化资源提升“城市恢复力”，这将是未来城市数字化发展中与城市应急能力同等重要的命题。

二、“口罩预约”的隐喻

疫情暴发初期，厦门市在移动平台上线了“口罩预约系统”，主要由厦门市大数据管理局、厦门市民数据服务股份有限公司牵头和建设。2020年1月29日，“口罩预约系统”在“i厦门”App的疫情防疫专区首发，但由于用户过度热情导致系统崩溃。试运行方案经过优化调整后，1月31日，厦门市“口罩预约系统”正式在“i厦门”官方微信平台上线，为厦门户籍人口或在厦缴纳社保人员开放。随后，广州、杭州、上海等均陆续推出了在线“口罩预约”服务。

“口罩预约”作为一起数字政务服务创新的公共事件被广为人知，不仅成为推动政务服务“网上办”“移动办”“就近办”用户教育与用户习惯的重要尝试，同时也成为满足普通公众对政务服务的认知度、体验度与获得感的标志性事件。在此之前，对于大多数普通市民而言，对移动政务服务的认知仅停留在交水电费的阶段，而“口罩预约”让人切身感受到对政务服务的迫切需求与距离。

毫无疑问，曾经“浩浩荡荡”的一体化在线政务服务平台建设、移动政务服务创新、一网通办、“一件事”办理、政府数据资源共享开放等数字政府领域的“宏大叙事”，恰好在关乎每个市民的生命安全的“口罩预约”上找到了出口。因此，尽管诸多城市出现了“上线即崩溃”的局面，对于未经历过“双十一”考验的数字政务服务平台，尚未全部完成数字政务服务的压力测试与用户启蒙就迅速面临海量用户的极限需求，“崩断抢修”的局面一点都不足为奇。

在疫情暴发初期，“口罩预约”其实成了一件关乎市场供求、数据治理、部门协同、公众心理、社会公平的超复杂城市治理事件，而非一个简单的“提交信息”与“点击发货”的标准化电商式在线行为。因此，作为“口罩预约”的首个发起城市，厦门在最终的预约用户摇号抽签环节引入现场公证监督。

得益于过去几年“互联网+政务服务”的推进及数字政府的建设，“口罩预约”成为阶段性的城市服务创新角力重点，同时凸显出部分城市的“非制度性规范”与“非制度性文化”特征，而这些特征却恰恰在服务细节、用户体验与公众感受等方面拉开了各地的数字政务服务差异。就“口罩预约”而言，已上线的城市呈现出三个方面特征。

一是城市治理的文化选择。此处的“文化”很难用城市管理制度、条文和规范来述说，更多的是城市治理机构作用于社区个体居民与流动人口身上，他们在面对具体事件时的条件反射与切身感受。通过"口罩预约"可以映衬出各个城市的市民服务态度。例如，在口罩预约与配送方式上，有城市利用 App 预约，有城市利用小程序或微信预约，有城市提供免费快递（需购买），有城市提供免费发放（全部免费），也有城市在预约名单抽取上采取摇号和公证，还有城市在口罩预约方面前置一道流程：个人健康信息申报。口罩预约的方式五花八门、各不相同，但预约模式的细微差异却可能引发不同的市场反馈与社会舆论，并造成连锁反应，那么如何最优化地实现供应、市场与目标受众在有限资源配置上的平衡，这不仅考验一个城市的治理能力，而且面对新冠肺炎疫情这样突如其来的重大事件也将暴露无遗地展示城市的治理本能与文化性格。

二是基层网格化覆盖与触达能力。表面看是全民在"抢"一个小小的口罩，而其预约流程涉及的细节却异常复杂，特别是对于上海、广州这样的超级大都市而言，如何快速、有效、精准地识别、触达社区居民，对本地居民与流动人口进行精细化的服务与资源匹配，这不仅需要线上的能力，同时也需要"无孔不入"的线下能力。"城市管理应该像绣花一样精细"不是一句空话，如何将每只口罩匹配给每一个需要的人，如何将口罩、数据、人三者实现实时匹配，原来在大屏幕、手机 App、计算机桌面上显示的各类数据不能再成为摆设，每个数据都要能在围绕新冠疫情的城市治理"歼灭战"中发挥价值。因此，通过本次各城市的预约表单信息提交字段就可以看出每个城市的城市运行与基层网格化能力的真实水平。

三是跨平台、跨部门的数据协同能力。从各城市的口罩预约系统对外公开信息看到，各城市的口罩预约服务模式均有差异，有的是市政府发起，国企配合支持，现场对预约信息进行摇号和公证；有的是医保局发起，民间物流集团与金融公司支持配合；有的是民政局或市场监管局发起，线下药店支持；有的是政务服务机构发起，居委会审核，线下药店支持。由于各城市的数字化准备度与信息化基础各异，不管何种模式推进口罩预约，无法回避的是多平台、多部门的数据协同。预约登记、口罩投放、缺货登记、动态补货等工作需要多平台和部门配合完成。要保证口罩预约系统的平稳运行，其后台的保障不仅是云服务的承压能力，更需考验大数据的分析与预判能力，还涉及公安、民政、医疗、社保等垂直系统的核心数据共享问题。

除此之外，各大城市通过移动政务服务平台开展“口罩预约”的建设模式、产品模式、运行模式及推进风格也各有千秋。

在建设模式上，不同城市因为数字化历史与信息化基础的发展差异，均选择了适合自己应急需求的建设方式，以 App、微信、小程序为三种主流服务平台。所不同的是，有的城市是临时搭建功能丰富的独立系统，有的城市是开发小程序或在原有平台添加预约模块的方式，也有的城市是利用现有的系统资源与平台，并利用基层社区服务优势进行推动。有意思的是，目前暂未看见有城市推荐使用网站平台进行口罩预约。这也从侧面说明，移动政务服务已经成为一种不可替代的主流选择。

在产品模式上，除了广州在口罩预约申请环节会前置个人健康申报流程外，其他城市都是以姓名、身份证、手机号、居住地址等个人预约信息登记为主，但是从各城市的预约登记页面也可看出不同的产品设计思路。例如，有的城市直接提供各区的药店，用户首先进行药店选择后再登记信息进行预约；有的城市则只需要填写个人信息和所属区域即可；有的城市则通过用户的注册信息匹配姓名和手机号码，除身份证号与地址外，根据用户的区域选择自动匹配到目标药店。

在运行模式上，有城市是预约、购买、快递全流程免费，有城市是自助购买但快递免费，也有城市采用在线预约和线下自取。此外，我们还看到，有的城市颇具产品思维，从口罩预约的 UI 设计、业务流程、交互体验、用户互动等各个流程全部跑通，针对各个节点进行持续不断的优化。有的城市则是通过社区居委会的力量，锁定到每个街道、社区、房屋的预约信息。

在推进风格上，可以从各城市口罩预约的用户界面、操作流程与口碑反馈上看出各地城市治理风格，甚至可以简单地将它们区分为“天派”与“地派”，“天派”指的是那些依托和信任互联网平台企业的数字技术与产品能力，通过双方合作设计出运行相对稳定、体验相对友好但“最后一千米”的资源协同仍有提升空间的移动政务服务产品；“地派”是指那些依托信息系统集成企业，通过项目建设方式打造出基本功能完好、运行基本稳定、用户体验质量相对孱弱但线下“最后一千米”支撑到位并能满足广大群众需求的移动政务服务产品。

作为推行“口罩预约”的头部城市，厦门、广州、上海和杭州四座城市究竟是如何运行操作的？

第一，厦门采取的是“微信预约+摇号公证”模式（见图 9-1）。与其他城市的分时段开放不同，厦门市口罩预约规则是全天候开放，每天 9:00 摇号抽签，第二天 8:00—22:00 购买，22:00—24:00 系统维护。在预约信息登记方面，厦门采取的是首先对厦门各区的线下药店数据进行归集，用户进入预约系统首先针对所在区域选择离自己最近的药店，然后再填写个人预约信息。值得一提的是，针对口罩预约的摇号抽签，厦门市专门安排了公证机构进行现场监督。可以说，目前在“口罩预约”这件事上，已上线的所有城市中运行最有序、考虑最全面、用户口碑俱佳的当属厦门。

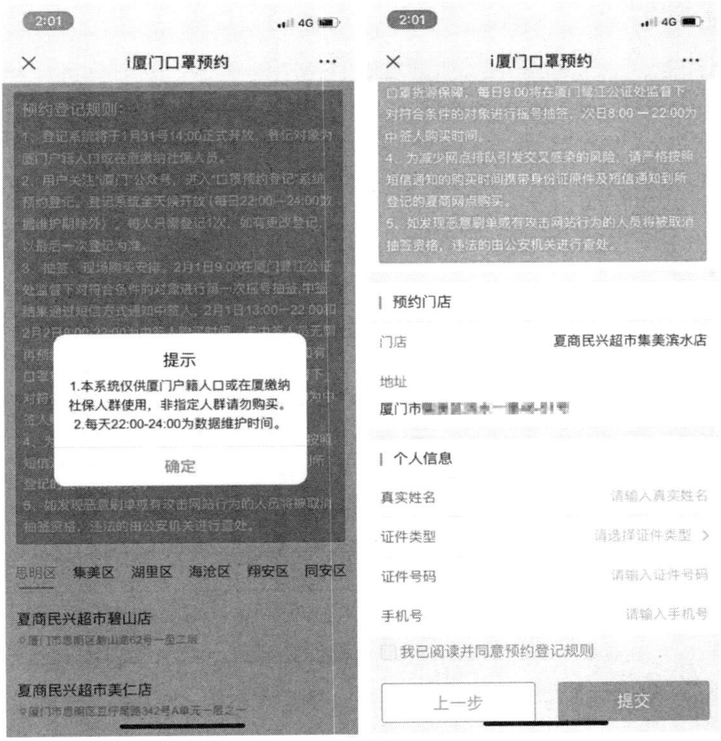

图 9-1 “i 厦门口罩预约”平台

第二，广州采取的是“小程序预约+免费快递”模式。广州“口罩预约”小程序“穗康”（见图 9-2）于 2020 年 1 月 31 日上线，由广州市政务服务局牵头建设，广州成为全国首个上线口罩预约系统的一线城市。“穗康”一上线就引发了全国关注，而由于上线试运行的资源分配问题使得“罩区房”也成为微博热评。广州口罩预约小程序的设计与其他城市最大的差异在于，其在预约界面前置了用户个人健康信息申报通道，每个希望预约口罩的市民均需申报个人健康信息，内容细致到返回广州的时间及湖北旅行史与相关症状说明。除选择药店名称、药店地址外，用户还可以选择口罩类型、型号及到店时段。

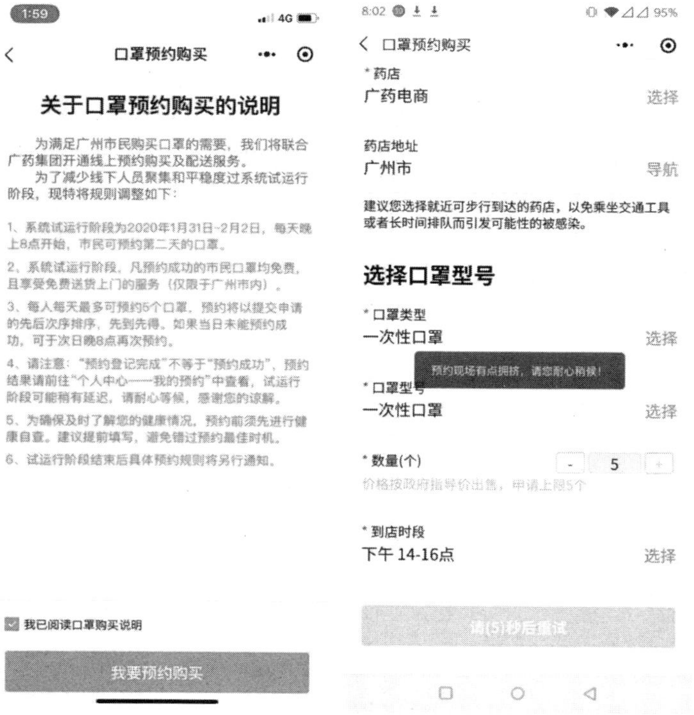

图 9-2　“穗康”口罩预约平台

第三，杭州采取“微信预约+免费口罩”模式。杭州市“口罩预约”平台（见图 9-3）于 2020 年 2 月 1 日晚 7:30 上线，由杭州市医疗保障局主办，杭州市金融投资集团提供技术支持，饿了么、菜鸟旗下丹鸟物流提供配送服务，每日定额免费在线派送。据官方信息，因为优化需求，2 月 2 日改为通过支付宝预约。杭州市“口罩预约”系统的用户界面可能是目前为止最为简洁的，用户只需填写姓名、身份证、手机号、配送地区及详细地址即可。虽然操作很便捷，口罩配发方主动承担了相关工作压力，但有两个问题值得注意：一是由于是免费发放和配送，导致市民需求热情高涨，通过测试可以发现，一般在 3 分钟之内就会派完当天的配额；二是在详细地址栏并未给出有效框定用户需求的数据输入约束与引导，可能产生的影响是由用户填写的不规范导致的数据识别与配送浪费更多时间和资源。

图 9-3　杭州市“口罩预约”平台

第四，由于各区县的条件差异，上海采取的是两条路线，如浦东为代表的区县采取的是“微信申领+居委会编码”模式，以徐汇为代表的区县采取的是“小程序+居委会+药店”模式（见图 9-4）。上海政府决定全市统一从 2020 年 2 月 2 日开始在各居委会（村）指定地点进行现场登记预约，预约市民在接到居委会（村）通知后，到指定药店购买。上海市目前暂未上线全市层面的口罩预约系统，一些街道和居委会（村）采用微信或“小程序+居委会+药店”的预约模式。通过浦东新区与徐汇区的口罩预

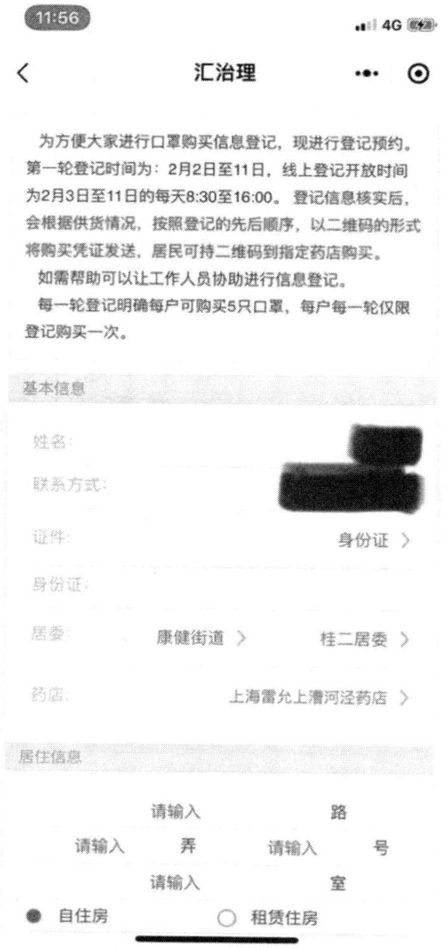

图 9-4　上海市徐汇区口罩预约平台

约模式对比可以看出，居委会与社区的线下能力侧面佐证了城市治理的精细化程度，如浦东新区则通过各街道居委会指导社区居民按照“居委代码、居委名称、姓名、证件名称、有效证件号码”数据规则编辑短信发送到指定号码，而徐汇区则通过“汇治理”微信小程序将用户输入的居委信息自动匹配药店，此外还对用户的住房信息进行识别。上海市“口罩预约”的操作模式有效地规避了因用户暴增而导致的系统过载局面，并且有效地将人员分流到不同的区、街道和社区，一方面对基层网格化系统掌握的数据真实性提出了要求，另一方面对基层工作人员的操作能力与数字素养的要求也相应提高。

“口罩预约”其实已经成为中国数字政府视域的一个隐喻——口罩预约不属于任何部门、任何门类的行政审批或公共服务事项，没有任何一项文件写着要求某省某市上线口罩预约服务，但目前来看，口罩预约服务已经成为新冠肺炎疫情期间观测一个城市治理服务水平与营商环境质量的窗口，这也意味着数字时代政务服务创新的本质是“瞄准治理体系与治理能力现代化的目标，围绕‘以人民为中心’的宗旨，做关乎公众利益但条文未要求之事”。

作为疫情期间的社会健康安全应急服务，“口罩预约”这样的短期高频爆款事项不可能成为常态化应用，而口罩预约的服务速度与效率体现的却是城市服务与治理的系统化能力。“口罩预约”能力与效率的实质是城市在技术、资本与数据驱动的快速发展过程中应对复杂性与风险的治理体系与治理能力的现代化水平的体现。口罩预约肯定不会成为任何城市的一种长期、常态、高频的城市服务需求，那么对待这种偶发性“黑天鹅”需求，我们的城市服务平台与治理机构是否有足够的应对能力？从这次新冠肺炎疫情的口罩预约行动中亦可看出各城市数字化支撑能力、数据运营能力与资源调度能力。

随着疫情的发展与演变，围绕疫情防控的社会治理、服务与监管需求也在不断变化，越来越多的新数字化系统在不断上线。值得一问的是：疫情过后，那些为应对疫情而建设上线的数字化系统和平台要去向哪里？是在下一次城市突发事件面前再次“大兴土木”？还是我们的信息化平台与系统管理流程已有相应的资源复用处置措施？未来城市的治理与服务的焦点不应是建设什么样的平台与系统，而是要逐步优化与固化一套应对和处置城市灾难与未知风险的系统化机制。

如果说针对市民个人的“口罩预约”是一种“服务”，那么围绕企业复工需求的“口罩认购”则是一种“工具”——有效探测企业运行真实情况、推动营商环境优化的工具。随着疫情防控形势发展，为配合城市复工复产需求，不少城市逐步推出了“企业口罩认购”——从个人预约到企业认购，口罩预约从一开始的个人安全防护与社会心理稳定器转换成城市运行恢复与企业复工复产的助推器。以厦门为例，自 2020 年 3 月 10 日系统对企业正式开放认购以来，已经有超过 9000 家厦门企业通过该系统买到了口罩，总数超 600 万只。

在线口罩预约在疫情蔓延周期中逐渐成为一个不断迭代的城市数字公共服务产品。

作为一项推动企业复工复产的服务举措，企业口罩认购其实已成为营商环境优化的入口。从国家政务服务平台近期上线的“小微企业和个体工商户服务专栏”即可看出，疫情重压下真正举步维艰的不只是大型企业，小微企业和个体工商户也面临艰辛的局面。如某城市推出的企业口罩认购的基本门槛是就业登记人数在 6 人以上（含 6 人）的企业及个体工商户，以人社局就业登记数据为准。推行企业口罩官方认购本身就应具有主动为企业解决燃眉之急的诚意，目标是扫除复工复产的障碍与阻力。此外，从在线政务服务的长远发展来看，以企业复工复产刚需的供给与满足为切入点对全市中小微企业运行状况进行系统性摸底，无疑可以为产业发展大数据提供最为珍贵的数据资源。这不是通过补贴发放、自主申报及线下走访可以轻易获得的，无论对于产业服务创新还是市场监管均都是不可忽视的存在。

作为一个面向企业的营商环境优化载体，企业口罩认购本身是一个政务数据产品。有城市推出的企业口罩认购，可通过法人账号登录政务服务平台进行预约，仅需填写收货地址与联系人，购买资格核验、口罩认购数量核算等内容由系统平台直接生成。通过对法人已认证入库数据的调用，企业仅需像电商平台一样提交收货地址和联系人，平台即可自动完成校验。整个过程其实就是过去两年以来数字政府领域被反复提及的“减环节、减流程、减时间”。厦门企业口罩认购过程即实现了无须提交资料、无须重复填写在线体检，其背后是对工商、社保等实时数据的汇聚运用。企业口罩认购对于法人办事而言，其实是一个最为单一而简洁的应用场景，对于资料核验、数据调用、智能校验等环节，是否可以有效复制到其他个人和企业办事场景？这或许是后疫情时代我们应该思考与努力的。

此外，“企业口罩认购”本身也是一次社会化资源协同。将线下商场、物流、支付等服务能力及各相关部门的数据资源进行整合对接，本质上即是围绕城市服务、社会治理与市场监管的社会化资源协同。

在线口罩预约对于城市服务而言是一个非常偶然的产品，但对于政务服务的思维与认知重塑而言已成为一种必然的分水岭。个人口罩预约与企业口罩认购在全国范围内的城市普及与成功，其背后潜藏的最大假设是——通过一个移动城市服务的爆款产品，突破传统信息化基础设施建设背景下的“信息孤岛”与“数据烟囱”，成为超越部门、服务城市、关注公共利益的数据“集束器”，抛弃“积重难返”的“系统包袱”与“数据窠臼”，以未来的方式解决当下的问题，这或许正是未来政府治理与服务创新的必由之路。

三、“健康码”的符号意义

疫情期间的“健康码”不仅成为与身份证同等重要的个人移动凭证，同时也成为大型互联网平台公司从消费互联网进入产业互联网领域的“首场遭遇战”。从标准规范、服务体验、数据规则等方面来看，“健康码”本质上已经成为以腾讯、阿里为首的平台企业的“竞争高地”，其前方是各大企业竞相争夺的云计算市场，后方是希望从推动“万码奔腾”进入“一码平川”以打造数字政府雏形的国家政务服务平台。

截至 2020 年 3 月 13 日，腾讯和支付宝的“健康码”（见图 9-5 和图 9-6）在全国范围内的 20 多个省份均已陆续上线，覆盖城市数量均已超过 200 座。作为一种疫情期间的健康证明，支付宝与腾讯“健康码”的差异在于，支付宝是红、黄、绿三色码，绿码可凭码通行，红码和黄码需按规定隔离并健康打卡。当前，“健康码”不仅成为科技公司基于云计算、大数据与人工智能等数字基础设施回应疫情与城市发展需求的表达方式，同时也成为科技公司依托“新基建”参与社会治理与公共服务并不断进化的“新物种”。

由于不同城市与基层社区的数字化发展良莠不齐，疫情期间不仅出现了“健康码”，同时也出现了久违的“出入证”与“介绍信”，这也让我们进入一个以数据和机器驱动的“健康码”与“出入证”“介绍信”并存的智慧城市“折叠世界”。在这个“折叠世界”里，不仅有数字时代的“原住民”，也有数字时代的“边民”及“难民”。

图 9-5 阿里支付宝健康码（杭州）

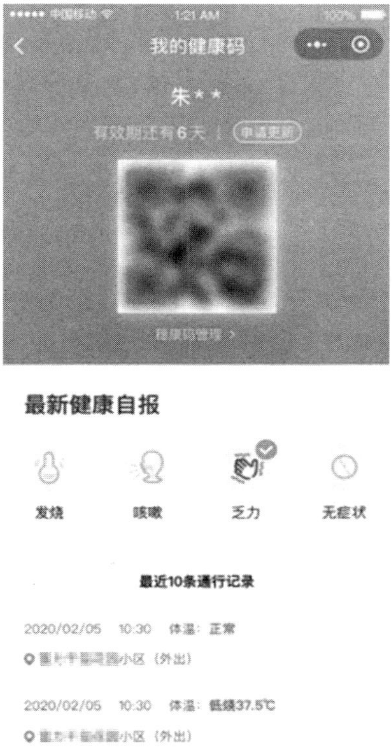

图 9-6 腾讯微信健康码（广州）

城市市民可以凭一个符合要求的“健康码”进入一座城市，进入这座城市的街道、商场、食堂等公共场所，这里的“城市”本质上已经成为一个可以凭借绿码任意游荡的数据世界；但同时还需要凭借一张纸质的“出入证”进入一个拥有亲友与邻居的社区——那是一个肉身栖息的烟火世界。如果说“健康码”是基于数据与机器驱动的城市治理能力的数字化创新实验，那么“出入证”则是基层治理传统模式的路径依赖与缩影。

疫情防控驱动的个人数据应用似乎使人们正在进入一个城市空间的悖论：人们可以凭借一个由个人移动数据汇成的二维码游荡在城市每一

个不属于自己的地方，但是当人们进入一座城市的细节与内部——进入一座城市空间的最小单位（社区），进入一间在电子地图可以标记的私人处所（××单元×层×号房），人们发现自己还缺一颗公章的许可。这就是由数据、空间和秩序联合构建的统称为“智慧城市”混沌时期正在发生的“折叠”效应。

《技术的真相》一书的作者厄休拉·M. 富兰克林在其著作中指出，规范性技术创造了一种服从文化，消除了做任何判断的权利和机会，与之伴生的是巨型的“社会抵押”。疫情期间的“健康码”其实在某种程度上正在充当着一种“规范性技术”，创造的“服从文化”则是对于各个城市、区域、组织、空间的公共安全防控要求的服从，而这种“社会抵押”则是经济活力、社会活力及创新活力。

浙江省政府副秘书长、新冠肺炎疫情防控办公室常务副主任陈广胜在《健康码与现代治理》一文中指出，健康码是新冠肺炎疫情防控所催生的一个解决方案，从深层次讲，也折射出现代治理的实践逻辑。健康码对疫情防控的积极作用，充分体现了“智治”的内涵，至少可概括为三个主题词：精准、严密、高效。一是精准。适应疫情防控由封闭式管控转向精密型智控，健康码是对个人涉疫情风险系数的精准标识，为点穴式防控提供了技术支撑，在操作层面使“管住极少数重点人，放开大多数健康人”成为可能。二是严密。基于目标导向，现代治理应是无缝隙的。通过对人员轨迹大数据分析和密切接触者大数据筛查，能有效掌握去过高风险地区或接触过高风险人员的特定人群。三是高效。健康码正是用“数据跑腿”代替“人跑腿”的一次实践创新。以后台的数据共享为依托，不仅专业部门和管理机构能够大力开展健康码应用，即使最基层的社区、网格等工作人员也能便捷运用，为群防群控守“小门”提供了利器，让疫情防控相关部署的执行机制实现扁平化。陈广胜先生认为，健康码对疫情防控发挥了重要作用，而且日益展示对治理现代化的推动效应。首先，为政府治理、社会治理提供研判依据；其次，为政府分类治理、精准施策提供载体支撑；最后，为公共管理和服务流程再造提供必要手段。

作为一种在疫情出现的社会治理工具，与正在不断被叠加价值与意义的数字化平台，“健康码”的未来走势应如何思考？

一是“健康码”需要跨越从“城市”到“国家”、从“公司”到“公共”的价值认同。直白地说，“健康码”需要实现“一码通行”，而非“万码奔腾”。2020 年 3 月 20 日，国家卫生健康委规划司司长、全国爱卫办副主任毛群安在国务院联防联控机制新闻发布会上表示，国务院电子政务办和国家卫生健康委员会提供了各地跨省份互认共享的三种路径，全国绝大部分地区已经可以实现一码通行。他同时表示，健康通行码互认的难点主要是各地疫情防控形势和政策的不同，目前全国低风险县域已占 98%，各省份正在按照统一的数据格式标准和内容要求，加快向全国一体化平台汇聚本地区防疫健康信息的目录。此外，“健康码”需要完成从“公司”到“公共”的价值认同。“健康码”的生成和应用过程即意味着微信和支付宝已部分行使了“流动人口管理”的功能与角色，作为“公司”的逐利性与作为“公共”的普惠性必然会产生博弈。“健康码”的服务体验与数据应用需最大限度体现公共价值。

二是“健康码”是否正在打开一个万物互联的世界或一个“潘多拉魔盒”？“健康码”的出现基于前期个人健康的自主静态申报，并不能解决疫情防控的问题，那么依靠一个基于二维码的信息申报和动态验证是否就可以一劳永逸呢？当然除了人工干预的复核机制，我们还可以借助个人的“旁证”及好友验证等多渠道复核机制，以减轻由于误判或数据盲点带来的核验压力，毕竟每一串数据都关系一个活生生的现实个体的生活秩序。目前香港已经出现电子手环的应用，可对居家观察或隔离的病例进行无 GPS 定位的远程数据监测。既然如此，那么以智能手机应用、可进行心律及体温监测的智能硬件及电子围栏联合构建的重大疫情个人实时健康物联网解决方案是否应该出现？当一个“软硬结合”（软件二维码+智能硬件）的看似稳妥牢靠让可以查看数据的各方都放心的个人健康物联网解决方案出现的时候，谁来监管这些数据？

三是“健康码”的“用户画像”惯性与“事实性歧视”问题。通过大数据分析对用户进行标签化处理并按个人偏好进行“用户画像”，这是善于构建基于定向广告商业模式的互联网公司已经近乎娴熟的商业智能解决方案。诚然，我们可以给一个经常查看婴儿奶粉的用户精准推送婴育儿护理用品，给一个经常查看菜谱的用户推送各种厨具。但是当我们对一个经常出入疫情热点管控敏感区域的市民进行特定颜色标识的“用户画像”时，我们是否考虑到这对于一个身处社区的个体将会产生怎样的影响？

“健康码”的成功与议论的焦点表明，当我们以“用户思维”来设计疫情防控的参与感与效率的同时，如何平衡“作为个体的数据”和“作为数据的个体”之间的关系，这应该是数字时代城市治理进化亟待关注的方向，即在输出良好的数字服务体验的同时，应避免因数据的“犀利”所带来的困扰。

CHAPTER 10

政务服务

移动政务的“阵地前移”

无接触政务兴起

“智能+政务服务”

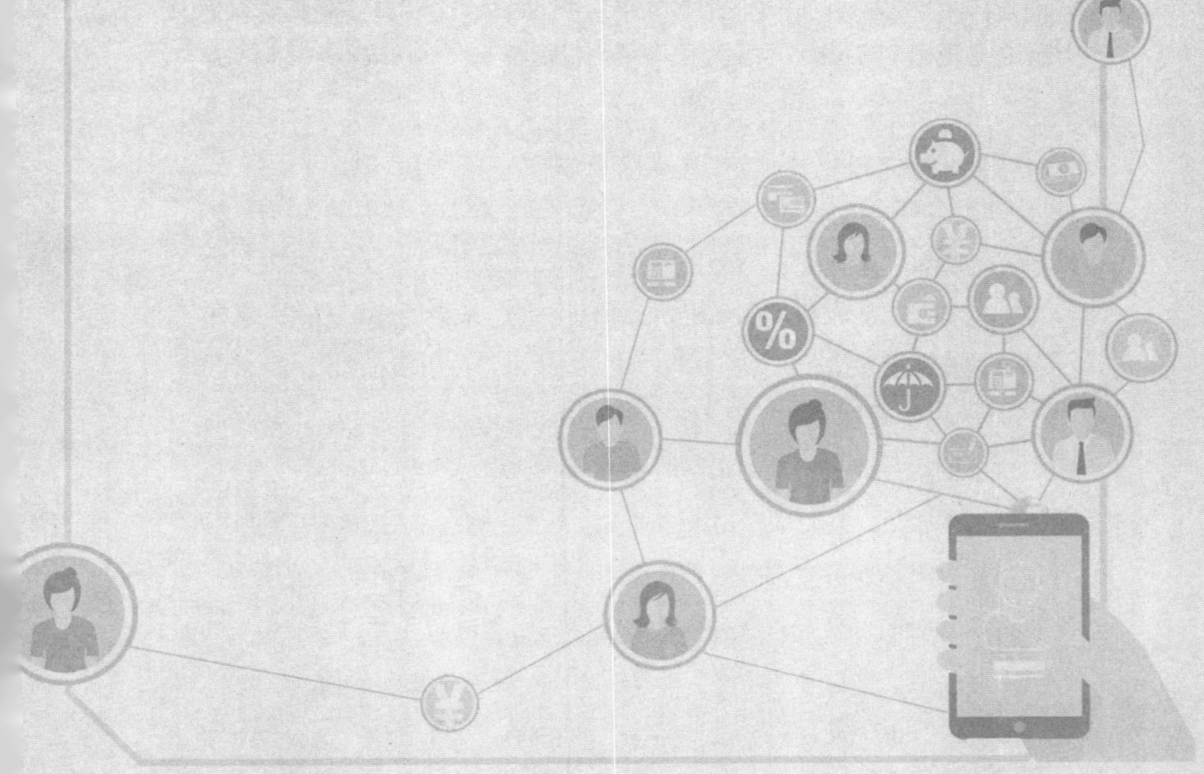

一、移动政务的“阵地前移”

疫情影响之下的移动政务呈现出“阵地前移”的态势，所谓的“阵地前移”主要包括“入口前移”与“内容前移”。“互联网女皇”玛丽·米克尔曾在《2016 互联网趋势报告》中指出，消息应用正在成为用户移动在线生活的“第二屏”，意指用户点亮手机桌面后，最先进入的就是社交类消息应用，Facebook 与微信都是“第二屏”的典型代表。而移动政务领域正在呈现出“第三屏”的趋势，即用户在需要获取移动政务服务时，首先点亮手机桌面，然后进入微信或支付宝，最后根据需求搜索政务服务小程序。“小程序+政务服务”正在成为移动政务发展进程中的“第三屏”，也是疫情影响驱动的“入口前移”——将用户获取政务服务的入口从 PC 政务服务平台、政务服务 App 前移至“第三屏”。[1]从另一方面来看，疫情之前的移动政务发展现状出现两种表征，较为成熟的移动政务服务平台推行的是海量服务的“无差别”上线，导致用户获取服务如同“大海捞针”；较为弱势的移动政务服务平台则处于海量信息的“原始化”输出阶段，大量的信息数据资源并未形成完整的产品模块与服务链条，导致用户无法高效实用。疫情暴发刺激的移动政务“内容前移”，其本质是将公众最需要的目标服务直接提取推送到引人注目与唾手可得的最佳位置，在疫情中崛起的部分政务服务爆款小程序应用均遵循了“内容迁移”的

1 唐鹏，2019 数字政务趋势：“第三屏”现象浮现，“波纹效应”趋强，腾讯研究院官方微信。

逻辑——为用户直接提供“服务产品”，而非“服务平台”。

如果说2003年的“非典”疫情客观上极大地推动和培育了中国电子商务的用户基础与发展环境，那么2020年的新冠肺炎疫情很可能成为中国移动政务普惠化的重要节点，特别是在政务服务“一网通办”加速发展，政务App与小程序得到政务服务机构与办事群众共同认可的当下。得益于4G、移动互联网、智能设备、微信/支付宝的覆盖与应用普及，通过智能手机、平板电脑、自助设备等接受政务服务和开展在线办事正在成为主流用户行为。随着“互联网+政务服务”的不断渗透与深入发展，政务服务的建设、运营、体验模式正在发生深刻变化，对跨部门协同办事需求越来越迫切，对政务数据资源开放共享要求越来越高，对政务服务的建设主体、运营主体及生态协作主体的权责界定变得越来越需要创新思维。也因此，对移动政务服务的平台选择、路径建设、运营等成为数字政务发展的焦点话题，政务App与小程序（微信、支付宝、百度小程序等）则成为移动政务服务当前的热门拓展对象。

据一项研究数据表明，用户每周打开的常用App不会超过5个，而在本次疫情中用户的常用App使用量上升到10个，疫情冲击下公众对移动服务的需求与渴望程度剧增。对于政务服务机构而言，面对移动政务服务的发展，由于政务服务内容的特有属性，虽然不会因为同质化服务而陷入商业App的白热化竞争，但是政务服务机构在满足于因超级平台的海量用户与用户体验带来的政务服务输出效率的同时，也应关注到公共服务平台与商业平台融合、协同发展时可能存在的风险。

国家行政学院电子政务研究中心在《2019移动政务服务发展报告》中指出，移动政务服务加速发展使“App+小程序”成主流模式。从疫情发展的态势与各地应对方式来看，各省市已基本形成了以数据共享平台或数据中枢平台为后台支撑，以省市统一政务服务App为依托，以 App 专栏、独立 H5 专页、支付宝/微信小程序等为服务输出端口，以城市及乡村基层网格化工作人员为地面支持的疫情防控移动平台支撑体系。其中，基于政务服务统一平台的“普惠应用”（如“粤省事”）、“爆款应用”（如口罩预约）与“专业化应用”（如“复工复产专栏”）备受关注，每一款应用的覆盖人群、数据、体验均直接反映了城市运行与社会恢复情况。

移动政务服务介入疫情防控阶段的特征主要包括四个方面。

第一，移动政务服务平台的政务公开提升政府信任度。疫情暴发初期，当整个社会公众尚未对疫情的发展形势、防控措施及可能影响具有初步认识和判断时，政府机构通过政务服务 App、支付宝及微信小程序，率先推出疫情防控专栏，对疫情的相关数据、发展轨迹、科普知识、防控措施及咨询解答等进行推送和输出。在这个阶段，移动政务服务平台主要解决的问题是稳定社会情绪、提振抗疫信心与提升政府信任度，并有限地为疫情阴影下的公众提供必要的在线服务，其一般推进途径采取的是“App+支付宝/微信+融媒体平台”联合推进的模式。

第二，移动政务服务平台的在线服务输出政务服务价值。当疫情发展迈过初期的恐慌期，社会公众对疫情的暴发原因、如何防护、可能影响等具备了不同程度的了解与判断，此时他们在海量的信息流面前，更需要的是恰当与到位的在线服务援助，如怎样判断自身是否感染，如何搜索发热门诊，如何申领必要的防护物资等。在这个阶段，我们看到各地省市移动政务服务平台，利用“App+小程序”的模式，将线上线下结合的服务模式充分运用，对自我诊断、居家隔离、在线咨询、物资申领、疫情地图查询等持续地进行了服务创新，从很大程度上让因防控措施升级而逐步限于室内和线上活动的市民依然可能通过移动政务服务平台获取必要的服务，尽量不影响日常生活秩序。

第三，移动政务服务平台的智能应用实现精准数据防控。本阶段的移动政务服务重心主要是围绕返城复工的新一轮人员流动展开。从前期的政务公开到在线服务，疫情期间的公众已经基本熟悉移动政务服务的相关服务内容与操作步骤，政府机构与社会公众也初步体验到如何利用移动智能技术更有效地实施疫情防控。但是，对于基层街道与社区而言，如何更有效地实现从“介绍信”“出入证”等防控手段到真正利用平台、数据、算法实现“数据防控”的跨越，依然存在认知和操作上的鸿沟。除了多数城市采用的是个人、企业的复工申报、健康申报等数据采集措施，本阶段也有城市开始推出创新措施，如杭州的“健康码”，以“绿码”“黄码”“红码”来对人流进行分类管控，实现更快速的城市恢复运行。

第四，基于移动政务服务平台的创新应用，以实现跨境治理。本阶段移动政务服务的重要特征是境外输入性病例逐渐增多，围绕留学归国学生、海外商务人士等相关华人华侨的疫情防控服务成为本阶段的核心任务。本阶段移动政务服务的压力已经从基层社区前移到海关口岸、机场、酒店等区域，围绕目标人群特征，“健康码”国际版应运而生。

移动政务服务的能力、创意与价值正在突如其来的疫情面前逐渐苏醒与激活，远程医疗、移动办公等成为这场疫情中备受关注的互联网领域热点。随着全国多个省市公开宣布减少线下窗口和网点办事，提倡“网上办”“移动办”，移动政务服务无论从产品设计、运营创意及服务抗压能力等都将因这场疫情而被改变。一个信息更为透明、数据更为开放、网络素养更高的数字政府应不再只是某个城市、某个省份引以为傲的“治理标本”，在突如其来的网络舆论与数字应急协同面前，地方政府机构也应从本次疫情风暴中有所教益。

二、无接触政务兴起

2017年6月5日，江苏省政府办公厅专门下发了《全省推行不见面审批（服务）改革实施方案》（苏政办发〔2017〕86号），其中对“不见面审批”提出七项工作任务，包括全程网办、集中高效审批、企业投资项目“预审代办制”、联合评审、区域评估、试点区域评估和审批结果“不见面”送达。[1]2018年9月，江苏省政府发布了《“不见面审批”标准化指引》，其中对“不见面审批”的实现方式、基本流程等做了详细规定。例如，申请人可通过江苏政务服务网、自助终端机、移动终端机、邮政寄递、全程代办等方式提交申请，但采取“不见面审批”还是到政务服务大厅窗口提交材料，由申请人自主选择，不得强迫申请人选择“不见面”办理；在受理环节，对申请材料不齐全或不符合法定形式的申请者，应当发送补正材料通知书，一次性告知需补充材料内容、时间期限等，避免“来回跑”。在政务服务大厅，涉及两个以上部门共同办理的审批事项，由综合窗口统一受理，使企业和群众只需向一个窗口递送材料。[2]“不见面审批”是继“互联网+政务服务”“最多跑一次”之后省级政务服务改革创新的方向，亦可以说是“无接触政务”的初级版。

2020年2月3日，国家卫生健康委办公厅发布的《关于加强信息化

---

1 江苏省政府办公厅印发关于全省推行不见面审批（服务）改革实施方案等四个文件，http://www.jiangsu.gov.cn/art/2017/6/27/art_46487_2557443.html。

2 江苏省发布《“不见面审批”标准化指引》，http://www.gov.cn/xinwen/ 2018-09/12/content_5321203.htm。

支撑新型冠状病毒感染的肺炎疫情防控工作的通知》（国卫办规划函〔2020〕100 号）要求，充分发挥信息化在辅助疫情研判、创新诊疗模式、提升服务效率等方面的支撑作用，切实做好疫情发现、防控和应急处置工作。《关于加强信息化支撑新型冠状病毒感染的肺炎疫情防控工作的通知》指出，要深化“互联网+政府服务”，强化政务服务一网通办，以网上办、自助办、掌上办、咨询办实现“不见面审批”，以“远距离、不接触”最大限度隔绝病毒的传播途径。由此，“无接触政务”逐渐成为疫情期间各级政务服务机构提供办事服务的重要方式。

以温州为例，2020 年 1 月 24 日—3 月 20 日，温州市“网上办”“掌上办”的办件量达 7.9 万件，这个数据在 2019 年同期仅为 6000 余件。线下办件的数量从近 4 万件骤减到了 5000 多件。温州市民中心于 2 月 20 日已逐步恢复，此后一个月的线上办件量仍大幅提升，是 2019 年同期的 10.45 倍。由此可见，疫情影响的在线办事用户习惯正在不断养成，“无接触政务”成为一种潜行的政务服务新态势。[1]

从全国范围内来看，福建省福清市、北京市石景山区、江苏省常州市、山东省青岛市、山东省胶州市、重庆市长寿区、天津市河东区、宁波市北仑区、深圳市南山区、安徽省安庆市等均推出了“无接触政务”服务模式（见表 10-1）。福建省和江西省分别发布了《福建省数字福建建设领导小组办公室关于疫情防控期间全面落实政务服务“马上就办网上办”工作措施的通知》（闽审改办〔2020〕2 号）与《关于印发积极应对当前疫情充分依托“赣服通”平台为企业和群众提供优质高效服务十项举措的通知》，对“无接触政务”办事模式具体操作提出要求。

---

1 浙江新闻，办件量激增 10 倍，温州线上政务服务经历了一场大考，2020 年 3 月 24 日。

表 10-1 “无接触政务”的地市实践情况

区　域	举　措	来　源
福建福清	福清全面实行“网上办”“无接触”办事“零延时”	中新网福建
北京石景山	简化 12 项业务办事流程 老山街道“无接触”政务服务出实招	石景山政府网
江苏常州	常州市：互联网＋政务服务巧推“无接触办理”	常州都市频道
山东青岛	青岛市北分局积极开展疫情防控期间“无接触”政务服务工作	青岛政府网
山东胶州	胶州市教育和体育局疫情防控期间“无接触”政务服务事项	胶州政府网
重庆长寿区	“无接触式”政务服务保民生	长寿日报
天津河东区	政务服务办疫情防控“无接触” 智慧政务“零距离”	搜狐网
宁波北仑区	疫情期间北仑区“无接触式”办事服务指南	澎湃
深圳南山区	疫情期间南山区行政服务大厅推出无接触申报服务	南山政府在线
安徽安庆	让大数据“跑腿”“说话”——疫情防控期间政务服务观察	安庆新闻网

为满足后疫情时代的社会与公众期待，需要把城市从接近静止状态进行毛细血管的全方位激活，复工复产所需的数字化服务能力与精细化治理能力更为紧迫。新冠肺炎疫情影响下的远程办公、在线消费、网络课堂等业态与形式正在被不同领域、不同阶层的用户所逐步接纳，并引发对未来城市规划、空间使用及产业趋势的讨论。相比办公的场所选择、消费的频度选择及教育的通道选择的“无接触经济”，疫情期间被首次提出的“无接触政务”则较为特殊并引人注目，其特殊性在于无论是在线政务平台选择还是线下服务大厅/自助设备的选择，至少在目前不存在竞品择优使用的过程，这也在疫情期间对政务服务机构提出了无可推卸的需求。当前，北京、江苏、福建、山东、重庆、天津、安徽等省市及下属区县推出的“无接触政务”不仅是对“一网通办”“不见面审批”的超常规实践，同时也是面向未来的一次数字政务创新极限挑战。

新冠肺炎疫情之前，“无接触政务”其实已经以不同形态存在于不同政务服务流程与阶段，如“24 小时自助政务服务”“双向邮件免费快递”“容缺受理信封”“双向视频通话”等，均在场景体验、服务交付、材料申报、远程咨询等方面进行了不同程度的微创新。随着数字政府的深入发展，数据、算法与场景的不断丰富与创新，无接触政务的表现形态、用户体验与应用效率将得到进一步发展，从一种疫情影响下的“被迫创新”逐渐延展为拥抱数字化未来的全新政务服务解决路径。

从政务服务的当前发展环境与阶段来看，“无接触政务”的兴起至少可以从技术、管理、社会和经济四个视角进行分析。首先，从技术视角而言，“无接触政务”将逐步超越“互联网+政务”的范畴，实现从软科技到硬科技的跨越，构建完整的政务服务体验将不再仅仅依靠网络平台、智能手机等即可完成，还将逐步加入无人机、机器人、无人车等前沿科技；其次，从管理视角而言，“无接触政务”依靠孤立的、单一的政务服务平台将无法提供健全的政务服务产品，必须基于一体化政务服务平台，依靠网络、认证、信用、物流、支付等多要素的组合，从而为用户提供从一而终的流畅体验；再次，从社会视角而言，“无接触政务”将推动人、物、空间的深度数字化，“无接触政务”绝不是“一网通办”或“不见面审批”的别称，其目标将是“数字孪生政务”——实现数字空间与现实空间在权力、业务、流程、体验等要素的映射与衔接；最后，从经济视角而言，无接触政务将从数字经济新业态中吸取养分并学习借鉴，衍生出适合政务领域的创新场景，如无接触快递柜、社区电商。当“无接触政务”成为一种趋势，社区政务中心的职能与价值将被重估，就像当网购成为一种消费习惯，线下卖场的功能与价值就被一种“在场化”的消费内容取代。

毫无疑问，疫情防控需求下诞生的“无接触政务”，其特征本身即代表了一定的历史性特征，而过于强调了“无接触”，忽视了政务服务的需求本质。“无接触政务”的本质是以数字技术支撑，以社会资源的多要素协同与重构为手段，以“数字孪生政务”为目标的政务服务新阶段。“无接触政务”的用户感知层面主要从服务模式、服务体验、服务效率等三个维度进行触达，但“无接触政务”的实现却需要依托决策、制度与文化，空间、流程与场景，物流、支付与咨询等多要素参与的系统性设计与规划。

“无接触政务”的核心特征主要存在于四个方面：第一，“无接触政务”是场景化政务，脱离具体的用户场景谈“无接触”则毫无意义，从个人健康申报、线下扫码同行及口罩预约、复工复产等围绕疫情衍生的各种场景来看，“无接触政务”首先是对每个场景中用户需求、治理需求与监管需求的满足，从而实现基于数字化平台的政务创新；第二，“无接触政务”必然是感知化政务，只有通过移动互联网、物联网、传感设备、5G 等技术的支撑，实现数据的精准采集，以及对目标物体的灵感感知，才能真正实现技术上和行为上的“无接触”；第三，“无接触政务”是协同化政务，通过本次疫情的防控与城市自我恢复过程可以看出，政务、医疗、公安、市监、税务等多部门、多主体、多要素的资源协同才真正呈现一座城市的治理与服务能力。对“无接触政务”而言，无论是小到一个证件申办，大到一个大型产业园区报批或落户，跨部门的数据协同必然是核心主题；第四，无接触政务是信用化政务，从杭州的“亲清在线”推出的企业员工房补可看出，由企业申请与承诺，政务端即可一键放款，这种“秒级”政务服务貌似隐藏着巨大的风险与盲点，其背后是一种政府对公众的信任，而这种信用关系的建立则需要不断进行反馈机制的优化与数据层面的纠偏。

至少从目前来看，无论是容缺受理还是承诺制审批，“无接触政务”都是推动政务服务从“先款后货”的“材料+盖章”自证模式进入“先货后款”的“数据+信用”旁证模式。

在技术与需求、体验与场景、安全与便利的三重叠加下，“无接触政务”本身包含了太多的不确定因素及亟待解决的问题。目前数字政务服务流程基本涉及在线申办、大厅预约、网上咨询、进度查询、结果查询、投诉建议、服务评价等主要流程，我们把无接触政务的演变与渗透过程划分为五个阶段：申办、咨询、交付、投诉和评价。从无接触政务的“U型曲线”（见图 10-1）可以看出，目前在“申办”和“评价”这两个政务服务动作基本可以实现完全无接触，无论是通过在线平台进行资料提交还是通过平板设备或离场进行服务评价，“无接触”已基本成为共识。“咨询”与“投诉”这两项政务服务行为相应次之，但这其中涉及的不全是技术问题，咨询与投诉主要集中在对办事指南、服务流程基础设施的二次确认与诉求表达。目前实现难度最大的应该是服务交付的“无接触”，这其中涉及的三个问题均需得到关注：首先，“交付”的前提是政务服务的标准化和产品化；其次，“交付”的“无接触”从政务大厅传递到公众手中的这个过程尚无法实现全流程监督，特别是涉及重要证件与办事结果物的传递；最后，“交付”的本质是一个包含功能、价值、体验乃至服务初心与行政理念的整体性行为。

因此，就像人工智能公司开展研发识别“口罩”的面部识别应用一样，“无接触政务”必将对数字技术的实现能力提出更高的要求。对于政务服务机器人而言，置身于政务大厅的“吉祥物”显然无法满足需求，对政务服务知识的自我学习、更强的数据分析预判能力及提升人机交互的便捷性与舒适性则成为一种刚需。对于人脸识别而言，关键的不是技术升级与识别精度，而是相应法律法规的制定，开放算法、公开数据流向并

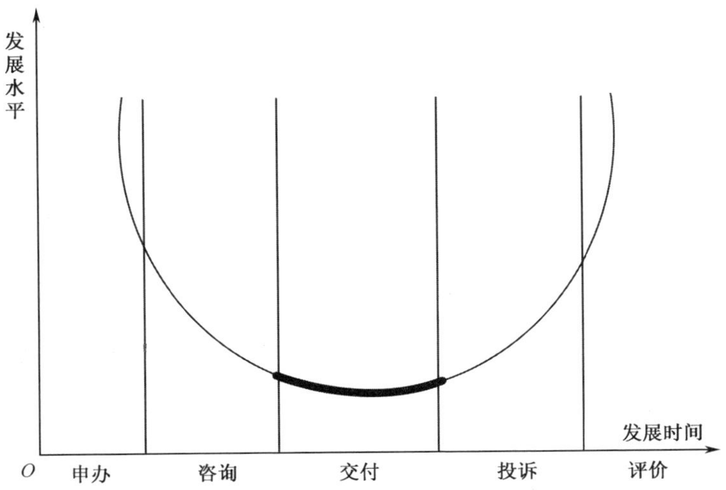

图 10-1　无接触政务的“U 型曲线”

对可部署人脸识别的公共场所进行定点公示，这是“无接触政务”应遵循的技术伦理。对于智能语音而言，更多元化的解决方案是否会出现？在解决“与人而不是机器人对话”的前提下，未来我们会不会在语音互动中听到林志玲、郭德纲或某位播音员的声音？要实现全面的无接触政务服务，对地方方言的理解是否会成为一种必需？当前，这些都是指向未来的“附加题”，但要真正实现数字政府的定制化、精准化服务，这些也是未来的“必答题”。

当我们对未来保持足够乐观的期待时，“无接触政务”的风险依然。第一，“无接触政务”对产品体验要求更高，当用户面对一个政务服务产品或平台，而非面对一个窗口时，个体的状态将不可把控，用户的即时性需求将千变万化，如果未对产品体验与服务边界进行严格的设定，容易引发集体性负面反馈。第二，“无接触政务”对服务交付的可靠性要求更高，当用户面对政务大厅的窗口，拿错资料或发现纰漏可马上返回咨询或改正，但“无接触政务”利用第三方或无人机递送的政务服务产品，如果交付的可靠性得不到保证，将在服务效率、用户期待上大打折扣。第三，“无接触政务”对公众个人隐私保护要求更高，“无接触”的背后其实在线上线下涉及了更多的数据或物料“接触方”，这其中除人为的干预外，还可能涉及机器的“偏见”造成“无差别伤害”。第四，“无接触政务”对用户场景的清晰度要求更高，目前所能见到的所谓“无接触政务”具有极大的单一性与颗粒化，功能独立且简单，涉及过于复杂流程的重型服务内容，现有的数字技术能力与资源准备还不足以支撑其正常运行。

三、“智能+政务服务”

“互联网+政务服务”后为何要提“智能+政务服务”？在数字技术、平台支撑与海量用户的共谋下，“互联网+政务服务”已渐显“疲态”，其主要反映在政务服务机构上线发布的政务服务网、App、微信公众平台甚至小程序越来越丰富但平台服务能力与公众获得感仍无法得到突破性提升。通过本次各城市疫情防控应对现状可见，机器人服务、无人机巡查、在线智能问诊及政策供给的智能化等均是“智能+政务服务”的雏形。

从在线政务服务的当前发展阶段来看，“智能+政务服务”正在面临的现实是：首先，海量政务服务事项的上网使服务触达、办理和交付均需要实现“智能+”，以解决服务找不到、办不了、不好用的问题；其次，海量用户涌入在线政务服务平台，使政务服务的分发、交互与体验均需要通过“智能+”实现真正以用户为中心的服务；最后，当下政府数字化转型加速与成熟的数字技术准备已经足够，云计算、物联网、人工智能、区块链等技术已具备为用户提供智能解决方案的能力。

“智能+政务服务”的实现不仅仅是技术的问题，现实情况并不乐观。政务服务的“智能+”尚存在泡沫阶段，以答非所问的在线问答机器人、政务大厅的智能设备堆砌及过剩的前沿技术叠加为主要表征，根本上没有解决为用户提供精准服务的问题，公众对智能政务还存在“望梅止渴”的阶段——看到面前立着一台机器人，但需要的服务无法便捷获取。

从政务服务的智能化演进来看，可以简单将“智能+政务服务”划分为三个阶段：智能信息、智能互动与智能服务。

（1）智能信息阶段，政府网站和平台主要通过识别用户的用户名、IP地址等，分析用户的浏览痕迹，通过信息推荐、信息搜索等途径，对用户进行精准信息推送。本阶段的智能主要通过网站或平台本身完成。

（2）智能互动阶段，政务服务平台主要通过智能客服机器人的咨询、评价、建议等互动需求，围绕用户的身份信息、办事需求、认证数据等，通过QA数据库或自我学习，为用户提供目标答案。本阶段的智能主要通过平台与外部插件完成，因为搜索引擎、客服机器人等应用很多独立于平台之外，可以根据需要接入使用。

（3）智能服务阶段，政务服务平台不仅需要在信息、互动等环节做到综合数据的分析，同时需要应对多种场景和业务需求的识别，如对表格字段、图像、语义分析等内容和能力的接纳和执行。本阶段需要“平台+数据+算法+场景”的驱动，不断训练才可能达到智能审批的目的。本阶段的智能主要通过“软硬结合”的方式完成，不仅需要应用软件，还可能需要智能硬件设备配合使用。

当前国内个别地市实现的“秒批”实际是智能服务的初级阶段，只能判断“批”或“不批”，但无法针对“不批”给出具体反馈。

目前，政务服务在智能信息阶段基本完成。“最近浏览”“信息提醒”“搜索匹配”“内容推荐”等基本成为大部分政务服务平台标配功能。此外，在智能互动阶段还存在摸索期，核心在于业务与技术的衔接与训练，缺乏运营的智能客服机器人不是沦为一个吉祥物，就是成为一只随时可能飚脏话的失控机器人，在媒体上被爆出的个别地市、区县的在线客服机器人骂脏话就属这类情形。

各级政务服务机构发布的“无接触政务”规范与要求，正预示着“智能+政务服务”的黎明时刻，那么如何从用户角度理解“智能+政务服务”的逻辑？

首先是政务服务流程的“智能+”。涉及公众办事的“难点”“堵点”相关制度条文被清理完后，需要进一步优化流程，优化的原则是打造最优路径与方式的服务和审批链。在用户侧应做到提供像快递物流一样可实时监测及实时联络的可视化进度条，降低用户在某些办事流程中等待的焦虑心理；在审批侧应做到有效预警和提醒，目前部分机构系统内虽然实现了审批任务的截止日期报警提示，但是否真正改善了和实现了最优化的审批流程尚存疑。

其次是政务服务体验的“智能+”。目前多个省市都在推进“掌上办事”“指尖办事”等工作，除了利用手机端，是否还存在其他方式？是否可以进行跨屏操作？例如，一些特定服务需要远程检测、身份验证、即时互动等，如养老金的提取（老人是否还健在？）、低保领取（是否已经脱贫？）等，应可以通过虚拟现实、物联网等技术，提供全息化的服务对象现场还原，实现沉浸式服务，真正实现“一次不跑”。

最后是政务服务创新的“智能+”。政务服务平台在拥有大量用户行为与服务数据沉淀后，应具备自我创新的可持续发展生态，对特定区域、人群、服务应可逐渐沉淀一套模型，在规定时间内即可触发，而非特地安排人员去进行人工干预设置，如高考、春运、台风季等。此外，在对部分小数据的挖掘中，应可发现政务服务的在线规律，生成一系列长尾服务，兼顾特殊人群并关注社会公平。

“互联网+政务”是借助来自互联网的外部力量执行对政府治理与服务的创新改革。而基于人工智能技术的“智能+政务服务”带来的将是政府机构和人员的职能分工与服务供给关系的改变。除了对政务服务智能化抱有新奇而满足的期待，当“智能+政务服务”来临时，三种普遍的担忧也正在泛起。

首先是“智能+政务服务将取代公务员还是创造新岗位”。“机器人是否带来失业”的争论早已甚嚣尘上，从技术的历史及目前的情况来看，机器需要取代的是早就应该被取代的岗位，如拍照、填写、复印及保洁，而机器无法被替代的是我们的社会规范与制度所不能被忽视的，公务员可能需要做好与机器共同工作的准备，就像我们已经将计算机作为办公工具一样，人工智能只是进一步挖掘、模拟和填补人类可被延伸的能力。公务员或许未来需要更多考虑的不是办公室关系，而是与机器人之间的关系。《彭博商业周刊》在2019年7月的《机器人会让劳动民众生活变得艰辛》一文中指出，为了解决机器人劳动让人类变得更艰辛就像社交媒体让人变得更焦虑的问题，建立一个人类共同分享机器人劳动红利的“社会财富基金”或许是一个好的解决方案。似乎这种“全民基本福利”方案又与尤瓦尔·赫拉利在其新著《今日简史》中表示的“政府应该向控制算法和机器人的企业，以及亿万富豪征税，再用这笔税金为每位公民提供满足其基本需求的补贴”的观点颇为类似。

其次是“智能+政务服务将创造公平还是抹杀公平”。在无人驾驶的问题上，人类似乎对“机器与人谁更安全”达成了基本共识，并相信机器对数据的忠诚度。那么我们是否信任机器治理、机器审判？假若机器介入执法环节，如果出现误判该如何追究责任？诚然，“智能+政务服务”可以消解人的主观性对治理和服务的不均衡治理与水平，消除暗箱操作与潜规则。同时，我们是否应该警惕，当机器学习加速，数据的驯化加速，我们原来寄希望于机器的优点是否会成为新的麻烦？例如，对官僚系统积弊的自我学习，而导致将偶发性或低概率的潜规则升级为一种明规则，这将极大地损害政务服务生态。那么，我们是否需要“机器人工会”对机器人的权益进行保护？是否需要“机器人夜校”对新的工作制度规范进行定期输入？毕竟已经有专家在表示：机器人也是人。

最后是“智能+政务服务将改善政民关系还是恶化政民关系”。“有温度的服务”其实是一个相对于互联网或机器与数据支撑和输出服务的相对性的期待，是在用数字化解决人机互动之间的信任与温情问题。但这里的“有温度”其实从用户体验层面寄予用户的情感暗示，那么“智能+政务服务”是“提升温度”还是“降低温度”？按照《三体》的作者刘慈欣的说法，机器可以是有情感的，只是机器的情感本质上也是一种算法和数据的抽取，是一种数字化的匹配，而非偶发性的自然流露，是通过精确计算后的结果，如果是这样那么情感又有什么意义呢？“智能+政务服务”在改善政民关系上主要体现在效率、应答及反馈的及时与标准化，而如果这种“标准化”本身就存在人性化的缺陷或缺乏调教，就像“小黄鸡”一样说胡话，那只会加剧和恶化政民关系。

虽然欧盟已经开始立法致力于发展“好的人工智能”，谷歌也发布的新引擎致力于发展“大家都用得上的人工智能”，但是以工具视角和人类中心主义视野来审视机器人的未来，其始终是一道横在眼前的坎。

在“互联网+政务”正在“被技术透支”并遭遇“场景天花板”的当下，“智能+政务服务”正在成为重塑政务服务生态的分工与生产关系的重要驱动力。首先应明确“智能+政务服务”的升维方向——增强、替代、延伸与解放。[1]对于政务服务而言，所谓"增强"即通过人工智能技术增强人类的智力、经验和认知能力，实现政务服务的"增强智能"；"替代"则通过取代标准化的、固定流程的、具有一定复杂性的专业人员工作；"延伸"即通过人机交互协同、帮助人类做出优质决策；"解放"则是利用人工智能技术打破政务服务的地域、时间和空间限制。

从目前的情况来看，利用"智能+政务服务"增强政务服务能力是行业聚焦的重点，无论是通过大数据技术还是机器人作业，最终目的都是增强政务服务的判断力、执行力。此外，作为"替代"性功能，智能问答机器人、智能终端、政务大厅机器人服务员等，均承担了"替代"性服务期待，只是尚未达到替代性水平和服务质量。在整个政务服务链条中，人工智能的价值与作用包括智能客服、智能填报、智能预审、智能终端（扫描、拍照、通话、复印、上传等）、智能审批等环节，随着"智能+政务服务"的深入，针对具体事件的个性化需求，人工智能的价值将逐步凸显。

"互联网+政务"释放和激活了政务服务的供给能力和需求，可提供足够的服务品类并具有充分的可获取性，下一步是"由谁来以怎样的方式提供服务"。人不是唯一的选项，机器也承受不了过度期待，人机混合的"智能+政务服务"必然是大势所趋。应对海量化的非标需求，如何用人工智能进行价值分解并进行科学化解决，这是摆在政务服务创新者面前的新命题，也是摆在"政府科技"领域的新挑战。

面对政务服务的"智能+"新趋势，在乐观的同时仍需具备足够的风险意识。要规避政务服务"智能+"的风险，首先需要建立由官方认定的权威第三方机构对政务服务算法的审核机制，不可过度关注其操作性、便利性而忽略其伦理与正当性；其次应该重视对个人数据与隐私的保护，

1 William D. Eggers, David Schatsky, Dr. Peter Viechnick，Deloitte University Press。

决不可像某城市卫生间刷脸取纸一样获取人脸数据，太随意的获取必将导致更随意的使用；再次要认识到“机器人也是人”，要重建在机器崛起时代的人类尊严与责任，机器代替人审批也好，政务工作人员帮机器人办事也罢，要为“机器人社会”做好准备；最后需要继承与开创性地设计“智能+政务服务”的法律与伦理框架，防止数据被滥用。

4G 驱动的移动互联网重构了在线政务服务的模式、场景与体验，使智能手机、App 和小程序成为用户的首选服务界面，正在到来的 5G 时代将如何重塑政务服务的场域与边界？在万物互联的数据世界，政务服务的界面、入口及体验将会被如何改变？

从政务互动的角度来看，5G 时代政务服务的智能咨询与问答模式将如何变化？目前常见的政务服务咨询与问答主要包括留言点评、社交互动、智能客服机器人及部分政务服务线下大厅的前后台对接的视频通话。5G 时代的政务服务智能咨询发展目标应该不是“不见面”，而是“随时见面”。相比留言的延时性、机器人问答的非自然交流与视频通话的距离感，通过全息投影为用户“空投”一个办事人员的“数字孪生体”，让用户可以面对面问答，不用跟办事人员本人见面，但可以跟他在数字世界的“数据人”见面，并面对面打分、点评。目前的咨询问答模式并没有在实质上解决用户痛点，有的服务点评也是摆设，5G 在政务互动的层面应该可以提供更新更实在的解决路径。

从服务场景的角度而言，“智能+政务服务”将创造 AR（增强现实）政务服务导办、自适应“一窗通办”与公共服务“私域化”三大场景。

第一，AR 政务服务导办意味着，像目前政务大厅导办台训练有素的工作人员对每个用户进行引导和协助一样，能否通过对办事内容和要素的细致化梳理，最终沉淀出 AR（虚拟现实）内容产品？用户只需要根据自身需求选择需要的服务，AR 设备即可引导用户了解整个服务的办事流程及细节。

第二，自适应“一窗通办”将升级“一窗”的概念。当前“一窗通办”的概念正在被异化，“小一窗”“综合一窗”等变形概念层出不穷，背后其实是对政务服务质量的打折化处理。除了要满足工作人员的高标准要求，以及针对办事人流的智能应对（根据人流调整窗口数量），自适应“一窗通办”应该是怎样的？5G 时代最具未来感的政务服务大厅应该是一个“数字生物体”——对每一个进入大厅的用户，通过智能摄像头可以自动进行数据标记（个人身份信息、来由、办何事、是否已在线提交材料、关联办事需求等），政务服务大厅的中台应可自动获取这些数据，并反馈给所有办事窗口，系统根据办事量与人流密度自动调整和匹配相应窗口。

第三，公共服务“私域化”将打造“VIP 办事空间”。随着连接设备、显示屏幕、用户界面的多样化发展，政务服务空间从传统的集中式办理、泛在化的在线办理转为多屏时代的“私域化”办理，即从“家门口的政府”到“客厅政务”“驾驶舱政务”。在办公场景、交通场景之外的客厅场景，智能家居的快速发展未来能否推动用户在自己家里的客厅办理政务？无人驾驶驾驶的发展能否让乘客在驾驶舱或车窗屏幕进入政务服务平台办事？

5G 时代的“智能审批”将真正实现“公众不跑腿，数据多跑路”。“秒批”目前已经成为标准化事项与简化审批的标杆，但“秒批”服务的边界在哪里？到底能在政务服务领域推广到何种深度？是否“秒批”概念最后也将被异化为某环节、某过程的“秒批”而非针对“一件事”的秒批？5G 时代的智能审批目标应该是从“批”的结果智能化到过程智能化，从线上的智能化进入线下的智能化。例如，在建筑用地审批领域，目前的“一图管审批”“多图联审”“模拟审批”等多数仍是针对环保评估、土地测量等结果物的审批，那么涉及线下测量、评估等需要现场勘查的过程仍无法实现高度智能化。5G 时代，借助传感器、无人机、物联网等设备和网络应用，包括利用城市仿真技术对目标区域的动态还原与观测，未来可能实现在审批现场即可身临其境地对目标区域进行勘察，真正推动实现“最多跑一次”到“一次不跑”。

结　语

“新基建”与数字经济

我国最早在 2018 年年底的中央经济工作会议中提及“新基建”，“把 5G、人工智能、工业互联网、物联网等新型基础设施建设列为 2019 年经济建设的重点任务之一”。2020 年 1 月起，中央密集部署推进“新基建”，13 个省市公布了总投资规模近 34 万亿元的 2020 年重大项目投资清单，“新基建”成为主角。

根据国家发改委对“新基建”的范围界定与内容解读，新型基础设施主要包括三个方面：一是基于 5G、物联网、云计算、人工智能、区块链等新一代信息技术演化生成的信息基础设施，包括通信网络基础设施、新技术基础设施与算力基础设施；二是指深度应用互联网、大数据、人工智能等技术，支撑传统基础设施转型升级，进而形成的融合基础设施，如智能交通基础设施、智慧能源基础设施等；三是指支撑科学研究、技术开发、产品研制的具有公益属性的创新基础设施，如重大科技基础设施、科教基础设施、产业技术创新基础设施等。

疫情的暴发无疑是“新基建”快速落地的催化剂。疫情防控期间，在线下经济活动受到极大冲击的同时，各类互联网医疗平台、本地生活服务平台、远程办公、网络课程、无人配送机器人等的市场需求和用户量猛增，数字经济的巨大潜力和活力被进一步激发。所有这些，无一例外都以 5G、云计算、物联网、人工智能、区块链等新型基础设施为支撑。经历 30 多年高速发展的中国经济正在面临一个新的历史节点，在全球化、网络化与智能化浪潮下，中国经济发展需要新动能，而推动治理体系与治理能力现代化也需要新动能，“新基建”无疑是当前数字经济发展与政府数字化转型的关键支撑。当然，今天我们来谈论“新基建”，已然不止于一种抵御 GDP 减速的防守式“政策工具”，更多的是一种面向未来远景发展的进攻式的“政策准备”。新基建既是基础设施，又是新兴产业，既意味着巨大的投资与需求，也将牵动不断升级的强大的消费市场，是我国未来经济增长的新引擎。

从本次疫情的影响来看，无论是数字经济企业支撑和推进的“云复工”“无人化服务”等工作和消费体验，还是政务服务机构推行的无接触、零聚集、自助办等办事模式，其背后实质都是新型数字基础设施的强有力支撑。“新基建”对疫情之下的中国经济而言是一种“救赎”，但同时也是数字经济与数字政府互动发展形势下的一种“召唤”。

首先，“新基建”是建设数字中国的关键基石。当前，随着数字化技术应用的不断深入，我国经济社会正处在产业发展的新旧动能转换期，数字经济创新与监管的相互适应期，以及互联网下沉与消费升级的并行狂奔期。在一定程度上，“新基建”是新一轮全球科技角力形势下重塑数据竞争力、重构数字经济版图的关键机遇。

其次，“新基建”是实现治理体系与治理能力现代化的重要通道。“互联网+”的发展与推动，不仅在交通、教育、文化、娱乐、工业等各个层面产生了深刻的影响，更重要的是，“互联网+政务”正在驱动数字时代的政府决策、治理、服务与监管的流程重塑与再造。

最后，“新基建”是重塑城市空间、功能与价值的重要支点。未来的城镇化比拼的将不是疯狂圈地建房子，而是基于“新基建”如何实现数字经济新业态的激活、城市数字竞争力的重构、城市公共服务的吸引力与亲和力锻造，以及城市空间价值的解构和重组，从而提升城市居民的生活质量和幸福感。

1. 新基建的主要特征

一是“新基建”是具有自我感知需求的“生命体”，而传统基础设施则不然。基于5G、云计算、物联网、人工智能、区块链等信息基础设施构建的城市治理与服务平台、智能生活场景及产业设计服务平台，都将具备对用户与市场需求的数据采集能力、感知能力及定制服务的能力。“新基建”中融合基础设施的使命即是推动交通、能源等传统基础设施的智能化升级。

二是“新基建”通过不断使用来进行自我能力升级，而传统基础设施则是具有自身的使用寿命与折旧周期。“新基建”的最大魅力是在使用过程中随着数据量、使用频率、使用场景、使用模式等不断变化，从而沉淀数据进行自我学习与提升，这是以数据作为生产要素的数字经济创新发展的底层逻辑，同时也是与传统基础设施的“折旧”全然不同的思路。

三是“新基建”的建设模式是“边建设、边应用”的迭代模式，而传统基础设施则需要在全部建设完成后才能使用。例如，本次疫情期间各地政府推出的疫情服务小程序，都是具备了基本的功能后就快速上线，然后再进行实时迭代升级。

四是“新基建”的价值与影响从一开始就具有“全局性”特质，而传统基础设施的价值与影响则是区域性的。举一个很简单的例子，一条高速公路的轨迹影响的可能是某一个县的发展，而一个数据中心或一个人工智能平台可能影响的是社会治理的大局与数字经济的格局。“新基建”本质已经突破了空间的瓶颈，包含了数字空间与现实空间的综合性价值，更趋于扁平化的影响与价值延展开始出现。如以智能交通基础设施、智慧能源基础设施为代表的融合基础设施，其服务的覆盖范围、便利性、安全性等均是影响社会发展全局的。

2. 新基建需要处理好四大关系

在当前经济社会发展遭遇疫情冲击和面临转型升级挑战的大背景下，“新基建”被寄予厚望。“新基建”既是基础设施，又代表着新的业态，在发展中必须注重处理好以下几大关系。

一是“新基建”与传统基建的关系。基础设施是指为社会生产和居民生活提供公共服务的物质工程设施，是用于保证国家和各地区经济社会活动正常进行的公共服务系统。“铁公基”为代表的传统基础设施是工业经济发展的重要支撑；“新基建”则是数字经济时代不可或缺的、建立在新兴技术基础之上的设施。与传统基础设施相比，“新基建”的技术含量更高、具有强大的融合能力和超越时空能力。但这并不意味着可以将两者割裂开来，也不意味着“新基建”对传统基建的完全替代。没有发达通畅的交通体系，数字经济、智慧城市都能成为空中楼阁；另外，“新基建”可以与传统基建深度融合，充分发挥现代技术优势打造智能化与数字化的交通运输体系和城乡基础设施体系。因此，“新基建”不仅包括以 5G、工业互联网、数据中心、物联网等为代表的新一代信息基础设施，还包括利用数字技术对传统基础设施的数字化智能化改造。

二是短期应对疫情冲击与长期高质量发展的关系。突如其来的疫情使得原本就面临巨大下行压力的经济形势又蒙上了一层阴影。在消费和出口备受打击的情况下，随着疫情向好，如何尽快复工复产，把被压制的需求和经济活力释放出来，成为当务之急，“新基建”短期内对扩大需求、稳定增长和就业的作用更加突出。这也是许多省市近期陆续推出重点项目建设计划的主要原因。但另一方面还应看到，就目前来看，“新基建”的投资体量总体还是有限，其对经济增长的拉动作用和对传统基础设施效率的提升作用还需要一个逐步释放的过程，可能很难有立竿见影的效果。因此，对“新基建”的布局必须立足长远，聚焦激发经济高质量发展的内生动力，从如何构建新的产业生态、推动消费升级、推动经济转型发展等多个方面进行政策设计和规划。就全球科技应用发展态势看，发力“新基建”是提升我国数字经济时代国际竞争力的战略选择。

三是政府引导和市场主导的关系。无论“新基建”还是传统基建，都具有基础性、公共性和通用性等特征，也就必然离不开政府的政策引领、统筹规划和布局等。因此，政府部门需要密切关注国内外技术与经济发展最新态势，提前研判，提早谋划，加强新基建的顶层设计和部署协调。另外，与传统基建相比，“新基建”技术创新性更强，发展变化快，还面临更大的市场不确定性，必须与市场需求相耦合甚至是在不断试错中才创造价值。在这种情况下，传统的产业政策和规划很难发挥作用，而且政府大包大揽地直接投资，还可能提高债务风险。近些年，在市场机制的推动下，我国在新技术新产业发展中的许多领域已经有了比较好的基础，在这种情况下，“新基建”必须更加尊重市场规律，鼓励不同主体运用市场机制开展合作，充分发挥企业的创新能力、敏锐把握市场和适应市场变化的能力，政府提供更好政务服务和制度保障，不断探索创新投融资机制和监管方式，既注重发挥多方面合力，又严控风险，从而获得长期的经济和社会效益。尤其是在当前经济下行压力加大、地方政府容易出现投资冲动的背景下，需要谨防不考虑实际需求和客观环境条件的一哄而上，防止造成新的产能过剩。

四是鼓励创新和规范发展的关系。传统基建的功能属性相对较为独立，各自提供专属功能，边界比较清晰。“新基建”涉及的许多创新技术既有自身特性，又在很大程度上需要互补和融合集成，从而形成新的基建体系。因此，以工业互联网、5G、数据中心等数字基础设施为代表的高科技领域新基建，既是基础设施，又是新兴产业，其发展还需要制度和政策的保障，如很多数据中心、云计算都需要取得牌照许可，5G、人工智能等技术在许多垂直行业应用（如无人机、无人驾驶、AI 辅助医疗）等还需要取得对应行业部门的审批或技术认证等。对于这些新事物，很难沿用传统的监管思路和模式，亟须创新理念，以包容审慎的态度，为“新基建”创造良好发展环境。

“新基建”时代到来，意味着整个经济社会的数字化、智能化将进入快车道。在数字经济成为大势所趋的情况下，数字化不再仅仅是工具和手段，而是一种能够更加适应未来市场竞争和应对各种突发挑战的新的生产力。走数字化之路，实现线上线下融合，将不再是可有可无的选择题，而是必须认真对待的必答题。

3. 新基建呼唤新治理

新基建时代到来，意味着经济社会系统将具备“一切皆可连接、可感知”的能力。所有经济社会活动要素将从物理世界迁移到数字世界，在物理实体与数字世界“虚体”的交互动态中，数据流动更加多样化、网络化，从而推动人类社会整体的数字化转型。

建立在数据流动基础上的社会治理新阶段已经来临。党的十九届四中全会提出，要“建设人人有责、人人尽责、人人享有的社会治理共同体”。要真正建立起多方参与的协同治理体系，一个重要的基础就是数据开放与共享。数据是新基建发挥作用和效能的重要驱动因素，就像道路能帮助人们到达目的地一样，数据基础设施将帮助政府做出更好的决策，能使企业开展更多的创新活动，能让包括政府、企业和公民等社会治理的多方参与主体实现更好的协同和互动。健全开放的数据基础设施是充分释放数据价值、激发社会创新活动和提高经济活动效率的重要基础，也是推动政府治理能力和治理体系现代化的必然要求。

政府部门之间的数据共享与整合是实现高效精准社会治理的重要基

础。如在公共服务领域，基于不同部门的数据整合构建的“一号申请、一窗受理、一网通办”政务体系，通过人口、法人、空间地理、电子证照、社会信用等基础数据库与各主题数据库的打通，用户只要将身份证号或法人代码与相关证照材料进行绑定，在同一端口即可办理不同部门的多种业务，实现从“群众跑路”到“数据跑路”的转变。抗疫期间多个城市推出的“健康码”也是基于政府数据共享的治理成果体现。健康码的后台整合了公共交通、医院诊疗、行为轨迹、家庭人口、个人职业等不同数据，在应用端由个人在线提交填写个人相关信息，通过与后台数据比对，即可生成属于个人的二维码，并应用于多个核验场景。

政府数据开放对激发社会创新和完善公共服务具有重要作用。政府及相关公共部门在日常活动中生成、采集和保存了大量与公众生产生活息息相关的数据。在确保国家安全的前提下开放政府数据，将极大地激发市场创新活力，激活经济社会发展中形成的大量数据的潜在价值。平台企业等社会力量利用政府数据开发出的各种便民应用，越来越成为公众服务的重要部分。新冠肺炎疫情期间，根据卫健委等部门公开的数据，许多互联网医疗平台研发并提供每日疫情动态等多种形式的信息服务，使公众第一时间了解疫情动态，在缓解公众焦虑情绪、医疗科普服务等方面发挥了重要作用。

平台企业在发展中积累起来的数据也是政府实现高效治理不可或缺的支撑。政府部门要实现精细化、智能化管理，既需要来自政务系统的数据支撑，也需要平台企业发展过程中积累起来的用户与资源分布、供需状况、交易行为等数据。尤其是在发生重大突发事件时，平台掌握的大量反映参与者状况、与用户安全有关的数据，如果不能及时与政府部门有效共享，势必会造成政府与用户的隔离，从而将极大地制约政府的服务效率、协同管理水平和应急响应能力。疫情期间工业和信息化部通过协调中国移动、中国电信、中国联通三大运营商，利用手机大数据进行重点人群流动轨迹分析、追踪排查，并与各地有关部门进行数据共享，助力政府实现精准防控。

在可预见的未来，社会基础设施和经济社会的运行都将加速数据化和网络化。加快构建和不断完善数据驱动的现代治理体系，既是新基建的应有之意，也是需要我们继续深入研究的重大历史课题。

反侵权盗版声明

举报电话：（010）88254396；（010）88258888

传　　真：（010）88254397

E-mail：　dbqq@phei.com.cn

通信地址：北京市万寿路 173 信箱

　　　　　电子工业出版社总编办公室

邮　　编：100036